MW01617803

「日本語能力試験」対策

日本語総まとめ N2

NIHONGO SO-MATOME

佐々木仁子
松本紀子

読解 Reading Comprehension 阅读理解 독해

はじめに

この本は

- 新しい「日本語能力試験」N2 合格を目指す人
- 中級を終えて、上級に進むための力をつけたい人
- 新聞や雑誌の記事が読めるようになりたい人

のための学習書です。

◆この本の特長◆

・少し易しい会話文で準備をしてから N2 レベルの読解練習をするので、無理なく学習が進められます。

・情報検索や内容理解のための読解スキルはもちろん、文章理解の基礎となる文章の文法（接続表現・指示語・機能語など）のポイントも解説。基礎固めをしながら学習できます。

・1 週間に 1 回分ついているテスト（実戦問題）で理解の確認ができます。

・難しいところには英語・中国語・韓国語の訳がついていますから、一人でも勉強できます。

では、さっそく始めましょう！

2010 年 10 月

佐々木仁子・松本紀子

This study book is for:

- those who are seriously studying for the new JLPT Level N2,
- those who have completed the intermediate level and wish to move to the next level,
- those who wish to learn to read newspaper articles and journals.

The special features of this book

- You will study without much difficulty because you will start with relatively easy spoken language and then move up to N2 level reading,
- You will learn skills for searching for information and understanding main ideas, as well as key grammar (i.e., conjunctive expressions, demonstratives, functional words, etc.), which will be useful for understanding the passages you read,
- The inclusion of a weekly practice test will enable you to regularly check your learning,
- The English, Chinese, and Korean translations are included for difficult sentences and words, which will enable you to study alone.

Let's enjoy learning!

本书是针对以下各位朋友而专门编写的学习辅导书。

· 决心考取新“日语能力考试”N2（2 级）资格的朋友；
· 已达到日语中级水平，决心继续努力达到高级水平的朋友；
· 想要看懂报纸或杂志文章的朋友。

◆本书的特色◆

· 先利用稍微简单的对话文做好准备后，再进入 N2（2 级）水平的读解练习，由浅入深，循序渐进。
· 不仅提高检索信息或理解内容的读解能力，还针对作为理解文章的基础语法要点（接续词、指示代词、功能词等）加以解说，可以边巩固基础边深入学习。
· 通过每周 1 次的小测验（实战演练试题），可以确认自己的理解程度。
· 对较难的句子附有英语、汉语、韩语的译文，可以用于自学。

让我们抓紧时间，现在开始努力学习吧！

이 책은

· 새로운「일본어 능력 시험」N2 의 합격을 목표로 공부하고 있는 사람
· 중급을 마치고, 상급에 올라가고자 하는 사람
· 신문이나 잡지 기사를 읽을 수 있게 되고 싶은 사람을

위한 학습서입니다.

◆이 책의 특징◆

· 조금 쉬운 회화문으로 연습을 한 후, N2 레벨의 독해 연습을 하니까, 무리없이 학습을 향상시킬 수 있습니다.
· 정보 검색이나 내용 이해를 위한 독해의 기술은 물론, 문장을 이해하는데 기초가 되는 문장의 문법(접속 표현 · 지시어 · 기능어 등)의 요점도 해설되어 있습니다. 기초를 다지면서 학습을 할 수 있습니다.
· 일주일마다 일 회분의 테스트(실전문제)가 있어, 내용을 이해했는지 확인을 할 수 있습니다.
· 어려운 곳은 영어 · 중국어 · 한국어의 번역이 있기 때문에, 혼자서도 공부할 수 있습니다.

그럼, 이제 시작해 봅시다!

目次

新しい「日本語能力試験」N2について

About the new Japanese Language Proficiency Test (JLPT) Level N2　关于新“日语能力考试” N2　신「일본어 능력시험」N2 에 대해서

※この内容は、『新しい「日本語能力試験」ガイドブック概要版と問題例集 N1, N2, N3 編』（独立行政法人国際交流基金、財団法人 日本国際教育支援協会）の情報をもとに作成しています。

試験日

年２回（7月と 12 月の初旬の日曜日）

※ 海外では、7月の試験を行わない都市があります。

レベルと認定の目安

レベルが４段階（１級～４級）から５段階（N1 ～ N5）になりました。

N2　旧試験の２級とほぼ同じレベル

N2 の認定の目安は、「日常的な場面で使われる日本語の理解に加え、より幅広い場面で使われる日本語をある程度理解することができる」です。

試験科目と試験時間

N2	言語知識（文字・語彙・文法）・読解	聴解
	（105 分）	（50 分）

合否の判定

「得点区分別得点」と、それらを合計した「総合得点」の二つで合否判定を行います。

得点区分ごとに基準点が設けられており、一つでも基準点に達していない場合は、総合得点が高くても不合格になります。

得点区分

N2	言語知識（文字・語彙・文法）	読解	聴解
0 ～ 180 点	0 ～ 60 点	0 ～ 60 点	0 ～ 60 点

総合得点　　得点の範囲

N2「読解」の問題構成と問題形式

大問		小問数	ねらい
内容理解（短文）	○	5	生活・仕事などいろいろな話題も含め、説明文や指示文など200字程度のテキストを読んで、内容が理解できるかを問う。
内容理解（中文）	○	9	比較的平易な内容の評論、解説、エッセイなど500字程度のテキストを読んで、因果関係や理由、概要や筆者の考え方などが理解できるかを問う。
統合理解	◆	2	比較的平易な内容の複数のテキスト（合計600字程度）を読み比べて、比較・統合しながら理解できるかを問う。
主張理解（長文）	◇	3	論理展開が比較的明快な評論など、900字程度のテキストを読んで、全体として伝えようとしている主張や意見がつかめるかを問う。
情報検索	◆	2	広告、パンフレット、情報誌、ビジネス文書などの情報素材（700字程度）の中から必要な情報を探し出すことができるかを問う。

◆旧試験では出題されなかった新しい問題形式のもの
◇旧試験の問題形式を引き継いでいるが、形式に部分的な変更があるもの
○旧試験でも出題されていた問題形式のもの

試験日、実施地、出願の手続きのしかたなど、新しい「日本語能力試験」の詳しい情報は、
日本語能力試験のホームページ http://www.jlpt.jp をご参照ください。

この本の使い方

How to use this book　本书的使用方法　이 책의 사용법

◆本書は、第１週～第６週までの６週間で勉強します。広告やお知らせなどの日常生活でよく見る文書から始めて、エッセイ、新聞記事や論説文まで徐々にレベルアップしていきます。

This book is designed as a 6-week course. You will start with ads and notices you see in your daily life, then will gradually move up to higher level sentences such as essays, newspaper articles, editorials, etc..

本书从第 1 周到第 6 周总共分 6 周进行学习。从阅读广告、通知书等日常生活中经常接触的文章开始，到最后能够阅读各种散文、报纸的报道文章、议论文等难度较高的文章，来帮助大家渐渐提高阅读能力。

본 책은 제 1 주부터 제 6 주까지 6 주간 공부를 할 수 있게 짜여 있습니다. 광고나 알림장 등 일상생활에서 흔히 보는 문서부터 시작해서, 수필, 신문 기사나 논설문에 이르기까지 점차 레벨이 올라갑니다.

◇まず、ここに書いてあることをよく読みましょう。文章を理解するためのポイントが書いてあります。

Please read carefully what is written here. It contains keys to understand sentences.

首先请仔细的读这些例句和解说。这里写的都是有助于理解文章的语法要点。

우선, 이곳에 쓰여 있는 것을 잘 읽어 봅시다. 문장을 이해할 수 있게 요점이 쓰여 있습니다.

◇「練習」は右ページの「問題」の文章を理解するための準備練習です。やさしい話し言葉で書いてあります。

"*Renshu*" is a warm-up exercise to understand the sentences in the "*Mondai*" (exercise) on the right hand page .

“练习” 栏中的内容是为理解右页 “问题” 文章的预备练习，使用了简单易懂的口语表现。

「연습」은 오른쪽 페이지의「문제」의 문장을 이해하는 데 필요한 준비 연습입니다. 알기 쉬운 말로 쓰여 있습니다.

◇「練習」の会話文を読んだら、正しく理解できたかチェックをします。答えは右ページの下にあります。

After you finish reading "*Renshu*"(warm-up exercise), check to see if you have understood it correctly. The answers are at the bottom of the right page.

阅读 “练习” 栏中的对话文后，通过选项确认是否已正确理解。答案在右页下端。

「연습」의 회화문을 읽은 다음, 정확히 이해했는가를 확인합니다. 해답은 오른쪽 페이지의 아래쪽에 있습니다.

第５週　新聞を読もう

2日目　見出し②

Headlines ②
标题②
표제어②

✿助詞に注意して文の意味を予想しよう

Let's guess the meaning of the sentences by paying attention to the particles!
注意助词的用法想想整句话的意思
조사에 주의하여 글의 의미를 예상해 봅시다

例えばこんなふうに助詞で終わる見出しも多いです。

製品事故　**安全基準見直しも**
・安全基準の見直しも検討されている。
The revision of the safety standards is being discussed.
正在研究是否应重审安全标准。　안전 기준의 재검토도 고려되고 있다.

ABCカンパニー会長 退任へ
・退任という方向へ動いている。
The general sentiment is leaning towards him resigning.
卸任的可能性越来越大。　퇴임하는 방향으로 움직이고 있다.

経済　***他国よりも国内救済を***
・他の国よりも国内経済の救済をすべきだ。
The domestic economy should be saved rather than those of other countries.
与其援助其他国家更应救助本国国内经济。
다른 나라보다도 국내 경제를 구제해야만 한다.

助詞から動詞を推測しよう

練習　次の会話文を読んで、後の文から正しいものを選ぼう。（答えは次のページ）

客　：あら、もうお中元の商品が並んでるのね。
店員：いらっしゃいませ。今年は「エコ」をテーマに当店でしかお求めになれないギフトをご用意させていただいております。ぜひ、ご利用くださいませ。
客　：エコだなんて、安いものという感じがしない？　贈り物としてどうかしら……。
店員：エコと申しますのは、環境に配慮し（注1）、また産地や素材（注2）、製法などが特別なもの、という意味でございますので、手間をかけた（注3）当店自慢の商品でもございまして、贈り主様の意識の高さが相手様に伝わることと存じます。

（注１）配慮する：to give some considerations　考虑　배려하다　（注２）素材：materials/ingredients　材料　소재
（注３）手間をかける：to spend more time and effort　精心制作　시간, 노력, 수고를 들이다

□1　エコというのはエコノミー、すなわち経済的だという意味だ。
□2　エコというのは環境に配慮するという意味だ。
□3　エコをテーマにした商品はどこでも買うことができる。
□4　この店では今年は「エコ」をテーマにしたギフトを用意している。
□5　この店では素材や製法にかかる費用をおさえて商品を買いやすい値段にしている。

80■Week 5: Let's read the newspaper!

◆各週の１日目から６日目まではポイント別の読解練習です。７日目は日本語能力試験に近い形式の実戦問題で、その週に勉強したことを確認します。

Every week from Day 1 to Day 6, you will practice reading various sentence structures, and on Day 7, you will review what you have learned in the practice exercise which follows the JLPT format.

每周从第 1 天到第 6 天，针对不同的要点进行读解练习。第 7 天利用与日语能力考试相似的实战问题，确认该周的学习成果。

각 주의 첫날부터 6 일째까지는 요점별 독해 연습입니다 . 7 일째는 일본어 능력 시험에 가까운 형식의 실전문제로 그 주에 공부한 내용을 확인합니다 .

1日目～6日目 話し言葉→書き言葉 の読解練習	7日目 実戦問題で 力がついたか確認	→ 次の週へ

問題 次の新聞記事を読んで、後の問いに答えなさい。（答えは別冊 p.6）

お中元もエコを主力に
有機農法飲料など続々と

お中元商戦を目前に、百貨店の○○と△△は目玉商品を公開した。

両百貨店とも、「エコ」をテーマに商品を並べ、産地や素材へのこだわり（注1）を強調している。

○○百貨店はお中元用商品2500品から主力商品として25品を選び、展示した。

有機農法（注2）によるジュース、レストランなどで余った食材をエサとして飼育した豚の肉などもあった。△△百貨店でも地下入り口に10品並べ、「人と地球にやさしいグリーンギフト」として農薬を減らして栽培した（注3）野菜の冷製スープなどの商品を主力としている。

両百貨店とも「ほかでは買えない」ものを演出し、客に財布のひもをゆるめてもらうのがねらいだ。*

（注1）こだわり：particular preferences 讲究 세심하게 주의를 기울여 일에 몰두함
（注2）有機農法：organic farming 有机农业 유기 농법　（注3）栽培する：to grow 栽培 재배하다

問1 文中で目玉商品と同じ意味で使われている言葉はどれか。

1　中元用商品　　2　エコ商品　　3　ギフト商品　　4　主力商品

問2 この記事の内容と合っているものはどれか。

1　どちらの百貨店も客が買いやすいような値段設定にしている。
2　どちらの百貨店も環境に配慮した商品に注目している。
3　どちらの百貨店も同じような商品を並べて商戦に臨んでいる。
4　一方の百貨店では品数を多くし、他方では品数を少なくして商戦に臨んでいる。

* They aim to get customers to loosen their wallets. 最终目的都是让顾客掏出钱包。 손님이 돈을 쓰도록 하는 것이 목적이다.

（左ページの答え→2・4）

第５周：阅读报纸　제５주：신문을 읽어 봅시다■81

◇実用的な文書から少し難しい読み物まで、様々な文章を読みます。

You will read various sentences, ranging from practical daily ones to those which are a little more difficult.

从实用的文章到较难的读物，练习阅读各种文章。

실용적인 문서부터 조금 어려운 읽을거리까지 , 다양한 문장을 읽게 됩니다 .

◇薄い文字で書かれたフレーズや文は、ページの下に翻訳があります。

Phrases and sentences in grey indicate that the translations are available at the bottom of the page.

用浅色字体标写的句子或短文，在该页下端有译文注释。

옅은 색의 문자로 쓰인 구 (句) 나 글은 , 페이지 아래쪽에 번역되어 있습니다 .

◇問題の答えは別冊「解答・解説」にあります。

Answers can be found in the removable "*Kaitoo/Kaisetsu*"(Answers and Explanations) booklet.

问题的正确答案在附册《解答・解说》中。

문제의 답은 별책「해답・해설」에 있습니다 .

◆1日目(にちめ)～6日目(かめ)まではすべての漢字(かんじ)の下(した)にルビがついています。ルビを隠(かく)しながら読(よ)むと漢字(かんじ)を読(よ)む練習(れんしゅう)になるでしょう。

7日目(かめ)の実戦問題(じっせんもんだい)は、日本語能力試験(にほんごのうりょくしけん)に合(あ)わせて、N1レベル以上(いじょう)の漢字(かんじ)の上(うえ)にルビをつけてあります。

Kana reading is found underneath the kanjis in the lessons from Day 1 to Day 6. It will be good practice for reading if you cover it as you read. The practice exercise on Day 7 will have kana only for words above the JLPT N2 level.

第 1 天到第 6 天部分的所有汉字下方均标注假名。遮盖标注的假名来阅读，就能练习提高汉字读音能力。第 7 天的实战演练试题参照日语能力考试，仅在超出 N1（1 级）水平的汉字上方标注假名。

첫날부터 6 일째까지는 모든 한자의 아래에 한자 음 (루비) 이 쓰여 있습니다 . 그 한자 음을 가리면서 읽으면 한자의 읽기 연습이 될 것입니다 .

7 일째의 실전 문제는 , 일본어 능력 시험의 기준에 맞추어 N1 레벨 이상의 한자인 경우는 한자의 윗부분에 한자 음이 쓰여 있습니다 .

◆問題(もんだい)を解(と)いたら、必(かなら)ず答(こた)え合(あ)わせをしましょう。7日目(かめ)「実戦問題(じっせんもんだい)」の答(こた)えや難(むずか)しい表現(ひょうげん)の解説(かいせつ)は別冊(べっさつ)「解答(かいとう)・解説(かいせつ)」に書(か)いてあります。巻末(かんまつ)についていますので、取(と)り外(はず)して使(つか)ってください。

After you answer the questions, check to see if your answers are correct. Answers to Day 7's "*Jissen Mondai*" (Practice Exercise) can be found in the removable "*Kaitoo/Kaisetsu*" (Answers and Explanations) booklet attached at the back of this book.

答题后，一定要核对答案。第 7 天的"实战问题"的正确答案以及对较难句式的解说，均介绍在《解答・解说》附册中。附册合订在本书末尾，请拆下后使用。

문제를 푼 후 , 반드시 해답을 맞춰 보십시오 . 7 일째「실전문제」의 답이나 어려운 표현의 해설은 별책「해답 · 해설」에 쓰여 있습니다 . 책의 맨 끝에 붙어 있으니 떼어서 사용해 주십시오 .

◆「実戦問題(じっせんもんだい)」は、時間(じかん)を計(はか)って、テストのつもりで解(と)きましょう。制限時間内(せいげんじかんない)に終(お)わらない場合(ばあい)も最後(さいご)まで続(つづ)けましょう。

When answering the "*Jissen Mondai*" (Practice Exercise), please time yourself to simulate the actual test situation. However, answer all the questions even if you are unable to finish within the time limit.

"实战问题"部分可以计算时间，当作一次模拟考试进行解答。即使没能在规定的时间内完成，也请坚持到最后，把考题全部做完。

「실전문제」는 , 시험을 치르듯이 시간을 재어 봅시다 . 제한 시간까지 문제를 전부 풀지 못한 경우에도 끝까지 해 봅시다 .

第1週（だいしゅう）

身の回りの文書を読もう

みまわ　ぶんしょ　よ

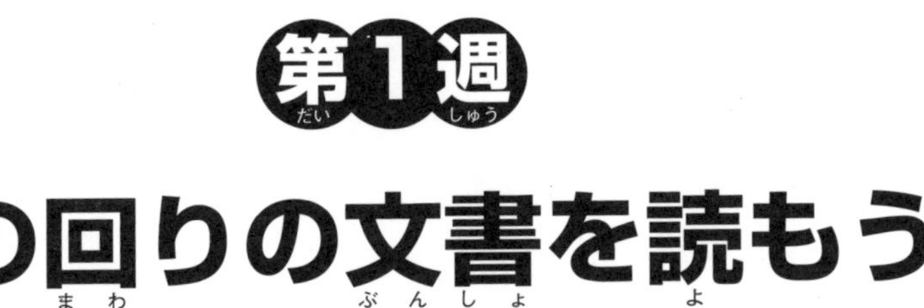

Let's read the language you see on a daily basis!

阅读身边的文章

주변에서 흔히 볼 수 있는 문서를 읽어봅시다

第1週　身の回りの文書を読もう

1日目　割引券・クーポン

Discount Coupons
打折券、优惠券
할인권・쿠폰

✿有効期限に注意！

Pay attention to the date of expiry!
注意有效期限！ 유효 기한에 주의！

例えばこんな項目をチェックします。

◆いつまで？	→	有効期限：XX年○月×日まで XX年○月×日まで有効
◆いくら？	→	無料　半額　○割引　○% OFF
◆どこで？	→	○○店のみ（＝○○店だけ）　全店（＝どの店でも）
◆いつ出す？	→	ご注文の際（＝注文するとき） お会計前に（＝会計するとき）
◆何人？	→	お一人様一回（＝持っている人が一回だけ） 同伴の方お一人まで（＝一緒に行った人も一人だけ）
◆ほかの券も使える？	→	他のクーポンとは併用できません （＝他の割引券とは一緒に使えない）

練習　次の会話文を読んで、後の文から正しいものを選ぼう。（答えは次のページ）

妹：おいしいね、このチーズケーキ。
姉：うん。あ！ チーズケーキといえば、割引券があったの、忘れてた。……ほら！
妹：なんだー。早く気がつけばよかったのに。もう食べちゃったよ。
姉：会計のとき出せばいいんじゃないの？ えーっと、あ、注文のときに出すんだって。
妹：えー。半額になるはずだったんでしょ。二人だから240円も安くなるんだったのに。
姉：一人分だけだって。でも、それでももったいないよね。店員さんに聞いてみようか。
妹：ちょっと見せて。……あれ？ なんだ、これ期限過ぎてるじゃない。

□1　姉も妹もチーズケーキを注文した。
□2　この店のチーズケーキは240円である。
□3　割引券は会計のときに出せばいい。
□4　割引券は一緒に行った人の分も安くなる。
□5　今回、この割引券は使えない。

問題 次の2種類の券を見て、後の問いに答えなさい。（答えは別冊 p.2）

A

Berry's　チーズケーキ 50% OFF 券

~~¥240~~（税込）→ ¥120（税込）

- 本券は全国の Berry's 各店でご利用になれます。
- ご注文の際、係の者にお渡しください。
- 本券はお一人様１枚のみ有効です。
- 他のクーポン券との併用はできません。
- 朝食時間帯(注１)（6:00 ～ 10:00）はご利用になれません。

20XX 年５月 31 日まで有効

B

薬のキク太郎　お買い物券

500円

有効期限：20XX 年 12 月 31 日までにご利用ください。

※全店でお使いになれますが、調剤(注２)・たばこ・ハガキ・切手・雑誌等、一部ご利用になれない商品がございます。

（注１）時間帯：hours　时段　시간대　　（注２）調剤：pharmacy　配药　약조제

問１　ＡとＢに共通の内容はどれか。

1　その店の商品全部に使えるわけではない。
2　この券はもらった店でしか使えない。
3　この券を使えば支払いは半額になる。
4　その店によって使えない時間帯がある。

問２　間違っているものはどれか。

1　Ａの券は一人分一回だけ有効である。
2　Ｂの店には薬以外の商品も売っている。
3　どちらも会計の際に券を見せればよい。
4　どちらも有効期限が過ぎれば使えなくなる。

（左ページの答え→１・２・５）

2日目　ダイレクトメール

Direct Mail (DM)　直邮广告
다이렉트 메일
(직접 개인이나 가정으로 발송되는 광고 우편물)

✿期間や特典を受ける条件に注意！

Pay attention to the dates and the conditions for receiving bonuses!
注意优惠期间及领取赠品的条件！
기간 혹은 특전을 받을 수 있는 조건에 주의！

例えばセールのお知らせなら、こんな内容が書いてあります。

- 期間は？ → 日時、閉店日もチェック。
- 対象となる商品は？ → 新製品は？
- どのぐらい安くなる？→ ○% OFF、○割引、半額 …　店頭表示価格からさらに割引？　買い物の合計額によって割引率が異なる？
- 当日必要なものは？ → 届いたハガキ？　会員証？

練習　次の会話文を読んで、後の文から正しいものを選ぼう。（答えは次のページ）

夫：今日も暑くなりそうだなあ……お、セールのハガキか。
妻：うん、昨日来てた。毎年来るけど。
夫：なんだ、３日間だけか。……しかも、平日。うちなんか行けるわけないよな。
妻：そうなのよ。土日だったらね……。あ、もうこんな時間。はい、お弁当。えっと、今日はちょっと遅くなるけど、あなたよりは早く帰れると思うから。
夫：了解。じゃ、行ってくる。
妻：いってらっしゃい。私も急がないと。お弁当持ったし、窓は閉めたし……。

□1　今週末、３日間セールがある。
□2　夫は今日帰宅が遅くなるかもしれない。
□3　妻は今日仕事の帰りにセールに行くつもりだ。
□4　夫はセールに興味がある。
□5　二人はセールに行きたくても行けない。

 次のダイレクトメールを読んで、後の問いに答えなさい。（答えは別冊 p.2）

ファッションセンターやまむら

会員様ご招待 特別セール

期間限定・会員様だけにお届けする
3日間だけのお得なセールのご案内

開催期間

20XX 年7月5日（火）～7月7日（木）

特典1

新商品も、割引商品も、店頭表示価格から
店内全品 **20%**OFF*
1万円以上ご購入の場合は **30%**OFF

特典2

セール中ご来店のお客様に、
もれなく（注）記念品をプレゼント！
必ず本状をお持ちください。

（注）もれなく：without exception
人人有份　빠짐없이

問1 正しくないのはどれか。

1 割引になっている商品もさらに安くなる。
2 1万円以上買えば3割引になる。
3 記念品をもらうには案内状が必要だ。
4 新商品はセールの対象ではない。

問2 右の値札がついている商品1点だけを購入する場合、いくらで買えるか。

1 7,000円　　2 8,000円
3 9,800円　　4 10,000円

* all 20% off the original price　店内所有商品按标价优惠 20%　점포 표시 가격에서 점포 내, 전 상품 20% 할인

（左ページの答え→4・5）

3日目　アルバイト情報

Information on Part-time Jobs
打工信息
아르바이트 정보

✿特に曜日・時間帯などに注意！

Pay special attention to the days and the hours!
特别注意星期几和时段等！　특히 요일・시간대 등에 주의！

アルバイト情報には例えばこんな言葉が出てきます。

◆募集	wanted　招聘　모집	◆調理	kitchen staff　烹调　조리원 혹은 조리 보조
◆応相談	We can accommodate individual requirements　可面议　상담에 응함	◆委細面談	Details will be given at the interview　详情面议　상세한 내용은 면담
◆レジ	cash-register clerk　收银员　금전 출납계	◆未経験者歓迎	Inexperienced people welcome　无需工作经验　미경험자 환영
◆販売	sales clerk　销售　판매	◆補助	assistant　助手　보조
◆接客	waiting on customers　接待顾客　접객	◆心配無用	You have no need to worry　尽可放心　걱정할 필요 없음
◆家電	electric appliances　家用电器　가전 제품	◆勤務	work　工作　근무
◆全額	total amount　全额　전액	◆支給	reimbursed　支付　지급

練習　次の会話文を読んで、後の文から正しいものを選ぼう。（答えは次のページ）

A：クリーンスタッフとか、ホールスタッフってどういう仕事なのかな？

B：クリーンは掃除をするってことだろ。カタカナにすると聞いたときの印象がいいから。ホールスタッフは店によって違うけど、この店の場合、たぶんレストランの店員と同じように注文とったり、運んだり、片付けたりするんじゃないかな。

A：掃除はちょっと……。レジも大変そう。販売員なんて、絶対向いてないし……。

B：ぼくは土日しかできないし、このいちばん時給の高いのにしようかなあ。仕事内容にも興味があるし。

A：私は、夜はできないし、平日も無理。

□1　ホールスタッフとはイベント会場の受付の仕事である。

□2　Bさんはやりたいことやできる日、希望がはっきりしている。

□3　AさんもBさんも週末しかバイトができない。

□4　Bさんは簡単なレジの仕事やきれいな清掃業務ならやってみたい。

□5　Aさんは飲食店の接客の仕事に興味がある。

問題 次のアルバイト情報を見て、後の問いに答えなさい。（答えは別冊 p.2）

		仕事内容	曜日・時間帯 等	時給	交通費
A	ランチタイム スタッフ募集！ ○○シティホテル レストランみやび	レストランスタッフ	平日 11:00 ～ 14:00 週２回からＯＫ	1000 円～	1日 500 円 まで
B	家電販売店 販売員募集 石丸カメラ みどり店	接客・販売	9:00 ～ 18:00 土日祝日勤務	950 円～	全額支給
C	ホールスタッフ募集 ビアホール「プラハ」	ホールスタッフ 明るく元気な方歓迎！	17時～翌２時の間で週３回、３時間以上勤務できる方。	1200 円～	全額支給
D	スタッフ募集 シネマフォレスト	映画館スタッフ	8:00 ～ 24:00 の間で１日４時間以上。土日勤務できる方歓迎。	850 円～	全額支給
E	キッチン・ホール スタッフ募集！ カフェリオーネ	調理補助 ホール係	10:00 ～ 24:00の間で応相談。ランチタイム・土日勤務できる方歓迎。	650 円～	なし
F	クリーンスタッフ募集 光ビルサービス 寺下事業所	ビル内のきれいなお仕事です。 未経験者歓迎！	9:00 ～ 12:30 の間で週３日程度。委細面談。	700 円～	全額支給
G	コンビニスタッフ募集 キラキラマート 寺下店	レジ・販売補助	週２日、１日4h(注)～。早朝勤務できる方歓迎。	690 円～	全額支給
H	弁当店スタッフ募集 お弁当のホットK 寺下公園店	接客・調理※ ※ 調理経験のない方も心配無用！	17:00 ～ 23:00 週２日～	700 円～	全額支給
I	ケータイショップ 販売スタッフ募集 Docomi shop みどり店	接客・販売	土日のみ 10:00 ～ 18:00	1200 円～	片道 400 円 まで

（注）4h：４時間

（交通費：○＝全額支給　△＝一部支給）

問１　左ページの会話から、Ａさんの条件に合わないものを除くと、どれが残るか。

１　ＣとＥ　　２　ＣとＤ　　３　ＤとＥ　　４　ＤとＧ

問２　左ページの会話で、Ｂさんが興味を持っているのはどの仕事と考えられるか。

１　Ｂ　　２　Ｃ　　３　Ｈ　　４　Ｉ

（左ページの答え→２・３）

第1週　身の回りの文書を読もう

4日目　アパート・マンション情報(じょうほう)

Apartment Information
租房信息
아파트・맨션 정보

✿家賃(やちん)は管理費(かんりひ)を入(い)れた金額(きんがく)で考(かんが)えよう

You should include the monthly maintenance charge in the total cost of the rent　考虑房租时应算进物业管理费
관리비를 포함한 금액을 집세로 생각합시다

アパート・マンション情報(じょうほう)には例(たと)えばこんな言葉(ことば)が出(で)てきます。

- 最寄り駅(もよりえき)　the nearest station　最近车站　가장 가까운 역
- 所在地(しょざいち)　a location　所在地点　소재지
- 徒歩(とほ)　on foot　步行　도보
- 面積(めんせき)　floor space　面积　면적
- 間取り(まどり)　a floor plan　房间布局　방의 배치
- 築年数(ちくねんすう)　age of the building　房龄　건축 연수
- 賃料(ちんりょう)　rent　房租　집세
- 管理費(かんりひ)　maintenance cost　物业管理费　관리비
- 敷金(しききん)／保証金(ほしょうきん)　Key money or deposit paid to the landlord as a guarantee at the time of the signing of the contract. 租房时，为保证支付房租而预先缴纳的押金。집이나 방을 빌릴 때 집세의 지불을 보증하기 위해 맡겨 두는 돈.
- 礼金(れいきん)　Money paid to the landlord as thank-you money at the time of the signing of the contract. 租房时，支付给房东的酬谢金。집이나 방을 빌릴 때, 집 주인에게 사례로서 지불하는 돈.
- 種別(しゅべつ)　building structure (wood, concrete, steel-frame etc)　类别　종류별
- 角部屋(かどべや)　a corner room　边角房　모퉁이 방

ボクの家(いえ)はダンボールだから
家賃(やちん)はかからない

練習　次(つぎ)の会話文(かいわぶん)を読(よ)んで、後(あと)の文(ぶん)から正(ただ)しいものを選(えら)ぼう。(答(こた)えは次(つぎ)のページ)

学生(がくせい)Ａ：俺(おれ)は、敷金(しききん)・礼金(れいきん)なしで、月(つき)３万(まん)５千円(せんえん)ぐらいまで……。あるかな……。

学生(がくせい)Ｂ：僕(ぼく)も同(おな)じ条件(じょうけん)だな。……あ、あった。お、これ、すごい！ 角部屋(かどべや)で冷暖房(れいだんぼう)も付(つ)いてる。それに駅(えき)のそばみたいだ。値段(ねだん)も悪(わる)くない。

学生(がくせい)Ａ：でも、その駅(えき)って、特急(とっきゅう)止(と)まらないよね。特急(とっきゅう)使(つか)えるほうが絶対(ぜったい)いいよ。

学生(がくせい)Ｂ：いや、特急(とっきゅう)の止(と)まらない駅(えき)のほうが安(やす)くていいところに住(す)めるかも。

学生(がくせい)Ａ：あ、そっか……。あ、でも、これなんかすごく安(やす)い！ こっちも予算以内(よさんいない)だ。

学生(がくせい)Ｂ：それ、バス使(つか)うんだよ。バス代高(だいたか)いし、歩(ある)いたらけっこうあるし、雨(あめ)の日(ひ)が大変(たいへん)そう。駅(えき)の近(ちか)くがいいよ、やっぱり。歩(ある)くとしても10分前後(ぶんぜんご)までだな。

学生(がくせい)Ａ：べつに、歩(ある)いても構(かま)わないけどな……、自転車(じてんしゃ)買(か)ってもいいし。

□1　ＡさんもＢさんも敷金(しききん)・礼金(れいきん)なしの部屋(へや)を探(さが)している。

□2　Ｂさんはバスが苦手(にがて)なので、バスを使(つか)わないところがいい。

□3　Ａさんは特急(とっきゅう)の止(と)まる駅(えき)を利用(りよう)するところに住(す)みたい。

□4　Ｂさんは10分(ぷん)でも歩(ある)くのは嫌(いや)だ。

□5　Ａさんは自転車(じてんしゃ)があるので、遠(とお)くても気(き)にならない。

問題 次のアパート・マンションの情報を見て、後の問いに答えなさい。（答えは別冊 p.2）

みどり市内 賃貸アパート・マンション情報

	最寄り駅 所在地	徒歩 バス（徒歩）	面積 間取り	築年数 方位	賃料 管理費等	敷金・保証金 礼金	種別
1	黒田駅	25分	26.5㎡	19年	3.2万円	なし	アパート
	みどり市本町	8分（1分）	1K	南東	2,000円	なし	
2	黒田駅	17分	22.35㎡	1年	5.55万円	1ヵ月	マンション
	みどり市小川町	ー	1K	南	3,500円	なし	
3	白田駅	11分	16.52㎡	18年	2.9万円	なし	アパート
	みどり市新町	ー	1K	東	2,000円	なし	
4	白田駅	5分	14.88㎡	25年	3.1万円	なし	アパート
	みどり市寺町	ー	ワンルーム	南	2,000円	なし	
	※角部屋、エアコン付						
5	青田駅	3分	36.12㎡	13年	5.7万円	なし	マンション
	みどり市青田	ー	1DK	南	5,000円	なし	
	※エアコン付						
6	青田駅	27分	26.49㎡	23年	2.85万円	なし	アパート
	みどり市坂上	10分（1分）	1K	南西	1,500円	なし	

問1 左ページの会話から、Aさんの希望条件に近いものはどれか。

1　1と6　　2　2と5　　3　3と4　　4　4と1

問2 左ページの会話から、Bさんの希望条件に近いものはどれか。

1　1と3　　2　3と4　　3　3と6　　4　4と6

（左ページの答え→1・3）

第1週　身の回りの文書を読もう

5日目　利用案内

User Guides
使用指南
이용 안내

✿施設などの利用に関する注意事項をよく読もう

Read the notices for the users of the facility carefully!
仔细阅读使用设施等相关注意事项
시설 등의 이용에 관한 주의 사항을 주의 깊게 읽어봅시다

例えば駐輪場の利用案内にはこんな言葉が出てきます。

◆駐輪（ちゅうりん）	bicycle parking　存车　자전거를 세워 두는 것	◆破損（はそん）	damage　损坏　파손
◆原付（げんつき）	＝原動機付自転車（げんどうきつきじてんしゃ） a moped　轻便摩托车　50cc 이하 원동기 부착 오토바이	◆責任を負う（せきにんをおう）	be responsible for　负责　책임을 지다
◆月極（つきぎめ）	a monthly lease　月租　한 달을 단위로 계약함	◆放置（ほうち）	parked beyond the allowable time limit 弃置　방치
◆盗難（とうなん）	a theft　被盗　도난	◆撤去（てっきょ）	removal　撤除　철거
◆防止（ぼうし）	prevention　防止　방지	◆定期契約（ていきけいやく）	a fixed period lease　定期合同　정기 계약

練習　次の会話文を読んで、後の文から正しいものを選ぼう。（答えは次のページ）

妹：お兄ちゃん、いつも自転車どこに止めてる？
兄：たいてい駅前の無料のとこ。いっぱいのときは、北口。
妹：北口って有料でしょう？　いくらかかる？
兄：100円で6時間だけど、最初の2時間は無料だし、近くて、便利だよ。
妹：そうなんだ、知らなかった。私、駅前が満車だったから公園の無料駐輪場まで戻って遅刻しそうになっちゃった。
兄：要領悪いからなあ、お前は。月極にすれば？　学割も利くんだし。
妹：ほとんど毎日行くんだから、そうだね……。

□1　妹は北口の駐輪場を利用したことがない。
□2　兄はいつでも無料駐輪場を利用している。
□3　兄も妹も駅前の無料駐輪場を利用したことがある。
□4　兄は妹に学生割引の使える駐輪場をすすめている。
□5　北口の駐輪場は、駅ビルで買い物をすれば8時間100円で止められる。

 次の駐輪場の利用案内を見て、後の問いに答えなさい。（答えは別冊 p.2）

みどり駅北口駐輪場

ご利用時間：5時～翌1時（1～5時の間は自転車の出し入れができません。）

定期利用〔月極〕の場合は前の月の25日までに申込書を駐輪場窓口に提出してください。

＊お申し込みの際は料金（契約月数分）および(注)身分証明書（学割を受ける場合は学生証）・印鑑が必要です。

料金	定期利用〔月極〕	一時利用〔時間貸〕
自転車	2,000円 （学割 1,500円）	最初の2時間は無料 以降6時間あたり 100円
原付（50cc以下）	2,600円 （学割 2,000円）	最初の2時間は無料 以降6時間あたり 200円

駐輪場はルールを守って利用しましょう。

- ゴミなどは捨てないでください。
- 盗難防止のため、カギは必ずおかけください。
- 駐輪場での事故・盗難・破損等については、一切責任を負いません。
- 無断で駐輪している場合や、一時利用置き場に2日以上放置されている場合は撤去の対象となります*のでご注意ください。

みどり市役所　都市計画課〈XXX-XXXX〉

（注）AおよびB：AとB

問1　正しいものはどれか。

1　月極で利用したい場合には、市役所に申し込まなければならない。

2　4月から定期利用したい場合は3月末までに申し込まなければならない。

3　一時利用で1時間止めた場合は無料である。

4　時間貸で24時間止めた場合、自転車が別の場所に移動される。

問2　学生がバイク（原付）を3ヵ月定期利用する場合、申し込みの際いくら必要か。

1　2,000円　　2　2,600円　　3　6,000円　　4　7,800円

* Bicycles parked illegally or in temporary parking areas for more than 2 days will be subject to removal
擅自存车或在临时存车处停放2天以上者将予以撤除
자전거를 무단으로 세워둘 경우나 일시 이용 장소에 이틀 이상 방치할 경우에 철거 대상이 됩니다

（左ページの答え→1・3・4）

第1週　身の回りの文書を読もう

6日目　レシピ

Recipes
烹调菜谱
레시피

✿順番や程度を表す表現に注意！

Pay attention to the expressions for showing the order and the degree!
注意下锅顺序和份量的指示！ 순서나 정도를 나타내는 표현에 주의！

例えばグラタンの作り方にはこんな言葉が出てきます。

◆ルー	roux (sauce)　掺油面粉糊 루 (녹인 버터에 밀가루를 넣어 볶은 후 조미료 혹은 향신료 가루와 혼합하여 고형화 한 것 .)		
◆○○の素	instant mix for making ... ○○精　○○의 조미료	◆沸騰する	to boil 沸腾　끓어 오르다
◆ソースミックス	sauce base 调味酱　소스 믹스	◆かき混ぜる	to mix 搅拌　휘저어 섞다
◆薄切り	thinly sliced 切成薄片　얇팍하게 썰기	◆煮立つ	to start to boil 煮开　펄펄 끓다
◆角切り	diced / cubed 切成块儿　깍둑썰기	◆アクをとる	to skim　撇去浮沫 국물 위로 떠오르는 불순물을 떠내다
◆一口大に切る	to cut it into bite-size pieces 切成一口大的块儿　한입 크기로 자르기	◆すくう	to scoop out 捞出　건져내다
◆厚手の鍋	a heavy pan 厚底锅　두꺼운 냄비	◆焦がさないように	not to burn 留意不要炒糊　태우지 않도록
◆ボウル	a mixing bowl 碗　볼 (주발)	◆焦げ目がつくように	to brown　至表面焦黄 태운 자국이 생기도록
◆耐熱皿	a Pyrex pan 耐热盘　내열 접시	◆いったん	temporarily 暂时　일단 혹은 잠시
◆煮込む	to simmer 炖煮　푹 삶거나 조리는 것	◆仕上げに	as a garnish　起锅之前 마지막 과정에

練習　次の会話文を読んで、後の文から正しいものを選ぼう。（答えは次のページ）

母：あ、玉ねぎも薄く切らないのよ。みんな同じくらいの大きさに切るの。
娘：わかってる。あれ、バターもお肉もないよ。
母：いいのよ。あるもの使えば。切ったら油で炒めて。エビ入れる？
娘：えー、エビはいやだ。……炒めたら牛乳入れるの？
母：それはいちばん最後。お水入れて。
娘：……あ、煮立ったら、なんか浮いてきた*。
母：ん、それ、すくって捨てて。あ、火は弱くして……ルーは軟らかくなってからよ。

□1　母が料理をして娘に見せている。
□2　母が娘に料理をさせて教えている。
□3　娘は玉ねぎを薄切りにしてしまった。
□4　母は肉の代わりにエビを使おうと思った。
□5　母は娘にアクの取り方を指示した。

*　something is boiling to the surface　煮开之后，有东西浮上来了　끓어 오르더니 , 뭔가 떠올랐다

問題 次のAとBを読んで、後の問いに答えなさい。（答えは別冊 p.2）

A

■ シチュー（8皿分）

クリームシチューの素	1箱
肉（鶏肉か豚肉）	300g
タマネギ	中2個（500g）
にんじん	1/2本（150g）
じゃがいも	中2個（300g）
バター	大さじ1
水	900ml（カップ3 1/2杯）
牛乳	200ml（カップ2杯）

おいしい作り方

① 厚手の鍋を熱してバターを溶かし、一口大に切った肉・野菜を焦がさないように炒めます。

※バターのかわりにサラダ油で炒めてもかまいません。

② 水を加え、沸騰したらアクをとります。

③ 材料が柔らかくなるまで弱火で約20分間煮込みます。

④ いったん火を止めてルーを割り入れ、よく溶かします。

⑤ 再び弱火で煮込み、仕上げに牛乳を加えてさらに軽く煮込みます。

B

エビマカロニグラタン

■ 材料〈4皿分〉

ホワイトソースミックス	1袋
マカロニ	1袋
冷凍エビ（解凍しておく）	150g
タマネギ（薄切り）	小1個（150g）
サラダ油	大さじ2
水	400ml（2カップ）
牛乳	300ml（1 1/2カップ）
とろけるチーズ	適量

■調理方法■

① 厚手のなべにサラダ油を熱し、タマネギとエビを焦がさないように炒めます。

② いったん火を止め、ソースミックス・水・牛乳の順に入れてよく混ぜます。

③ マカロニを加えて中火にかけ、かき混ぜながら煮ます。沸騰したら火を弱めて、さらにかき混ぜながら約5分煮ます。

＊マカロニは別にゆでる必要のないよう加工してあります。

④ 耐熱皿に移し、チーズをのせてオーブントースターで5～6分、焦げ目がつくまで焼きます。

問1 左ページの「練習」の会話について、正しいものはどれか。

1　肉の代わりにエビでAを作っている。

2　野菜だけでAを作っている。

3　エビを使わずにBを作っている。

4　バターを使わずにBを作っている。

問2 AとBについて正しいものはどれか。

1　AもBも野菜などをまず炒める。

2　AもBも焦げ目をつけないようにする。

3　AもBもいろいろな野菜を煮込む。

4　AもBも仕上げに牛乳を使う。

（左ページの答え→2・4・5）

7日目　実戦問題（じっせんもんだい）

Practice Exercise
实战问题
실전문제

制限時間（せいげんじかん）：15分（ふん）
1問（もん）25点（てん）×4問（もん）

点数（てんすう）　／100

（答（こた）えは別冊（べっさつ）p.2）

問題1　右のページは、「森山駅」周辺のホテル情報である。下の文と右ページを読んで、下の問いに対する答えとして、最もよいものを１・２・３・４から一つ選びなさい。

> 田中さん（男性）は、今週の土曜日（6月26日）に出張で一晩泊まるホテルを探しています。夜７時半ごろに森山駅に着く予定なので、ホテルは駅から近くて、できるだけ安いのがいいと考えています。また、朝ごはんがついていることを希望しています。

1　リストⅠだけを見た場合、田中さんの条件に最も合うものはどれか。

1　A
2　B
3　C
4　D

2　リストⅡも見た場合、田中さんの条件に合うものはどれか。

1　ターミナルホテル森山の「【お日にち限定】格安（かくやす）プラン」
2　セントラルホテルみどり野の「７日前 早割（はやわり）プラン」
3　ホテルむらかわの「安さいちばん！　素泊（すど）まりプラン」
4　ホテルグリーンシティの「レイトチェックインでオトクプラン」

Ⅰ　森山駅周辺 ホテル情報

Ⓢ：シングル　Ⓣ：ツイン

※料金には消費税およびサービス料金が含まれています。

	ホテル名	部屋数	１部屋ごとの料金※	チェック IN/OUT	備考(注１)
A	セントラルホテルみどり野	92 室	Ⓢ 5,600 ～ Ⓣ 9,800 ～	IN 15:00 OUT 10:00	森山駅徒歩 10 分。 ビジネス・観光に最適。
B	ホテルむらかわ	46 室	Ⓢ 5,800 ～ Ⓣ 10,000 ～	IN 16:00 OUT 10:00	森山駅徒歩１分。
C	ターミナルホテル森山	134 室	Ⓢ 6,900 ～ Ⓣ 12,600 ～	IN 15:00 OUT 10:00	森山駅直結で交通至便。 全室無線 LAN 完備。
D	ホテルグリーンシティ	110 室	Ⓢ 7,200 ～ Ⓣ 13,000 ～	IN 15:00 OUT 10:00	森山駅徒歩３分。 ビジネスに最適。

＊宿泊施設ごとにお得なプランもございます。詳しくは各宿泊施設または旅行代理店にお問い合わせください。

Ⅱ　森山駅周辺の宿泊情報（プラン別）

ホテル名	プラン名	部屋タイプ	朝食	料金（１泊・１名あたり）	
ターミナルホテル森山	３連泊(注２)出張応援プラン	シングル	○	5,600 円	※このプランは３連泊以上でお申し込みいただけます。
	【お日にち限定】格安プラン	シングル	ー	4,800 円	※6月 22 ～ 25 日
セントラルホテルみどり野	ベーシックプラン【朝食つき】	シングル	○	6,500 円	
	７日前早割プラン	シングル	○	5,200 円	
	３連泊出張応援プラン	シングル	○	5,000 円	※このプランは３連泊以上でお申し込みいただけます。
ホテルむらかわ	朝食バイキング(注３)付きプラン	シングル	○	5,800 円	
	安さいちばん！素泊まり(注４)プラン	シングル	ー	4,500 円	
	ビジネスプラン	シングル	○	5,500 円	
ホテルグリーンシティ	レイトチェックインでオトクプラン	シングル	○	5,300 円	※18 時以降のチェックインの場合に限ります。
	朝食／マッサージサービス付レディースプラン	シングル	○	7,800 円	※女性限定です。

（注１）備考：その他の情報

（注２）連泊：同じところに続けて泊まること

（注３）バイキング：食べ物を自分で好きなだけ皿に取ってきて食べる食事のスタイル

（注４）素泊まり：食事なしで泊まること

問題2 下のハガキは、クリーニング店からのダイレクトメールである。読んで、下の問いに対する答えとして最もよいものを1・2・3・4から一つ選びなさい。

3 正しいのはどれか。

1　9月はクリーニング料金が5％OFFになる。
2　このセールの始まりは人によって違う。
3　受け取りが3ヵ月先でもいい人は5割引になる。
4　案内状を見せるだけで割引券がもらえる。

4 ワイシャツを3枚とズボンを2本とコート1着をクリーニングに出した場合、何割引になるか。

1　1割引　　2　2割引　　3　3割引　　4　4割引

衣替え(ころもがえ)(注1)応援(おうえん)セール！

しろくまクリーニング

5点(注2)までなら　**10% OFF**
6点以上で　**20% OFF**
10点以上で　**30% OFF**
ゆっくりクリーニング（出来上がりは9月）はさらに5％OFF

セール期間　本状(ほんじょう)が届(とど)いた日から
20XX年5月31日（日）まで

※本状をご持参(じさん)ください。セール中ご利用の方には次回の割引券をプレゼント。

（注1）衣替え(ころもがえ)：洋服を季節に合わせて替えること
（注2）～点：クリーニングに出すものの数え方

お知らせや通知を読もう

Let's learn to read various notices!

阅读各种启事和通知书

알림장이나 통지를 읽어 봅시다

第2週　お知らせや通知を読もう

1日目　お知らせ①

Notice ①
启事 ①
알림 ①

✿決まったパターンに慣れよう①

Try to get used to the sentence patterns! ①
习惯固定格式 ①　정형적인 표현에 익숙해집시다 ①

コンサートやリサイタルのお知らせではこんな言葉がよく使われます。

◆リサイタル	a recital　独奏会　리사이틀	◆開場（かいじょう）	opening of the hall　开场　개장
◆開演（かいえん）	starting time　开演　개연	◆全席自由（ぜんせきじゆう）	free seating　不对号入座　전석 자유석
◆前売（券）（まえうり（けん））	a ticket sold in advance 预售（票）　예매（권）	◆当日（券）（とうじつ（けん））	a ticket sold on the day of the performance 当天（票）　당일（권）
◆入賞（にゅうしょう）	prize-winning　获奖　입상	◆デビュー	a debut　初次登台　데뷔
◆共演（きょうえん）	a co-star 合演　공연（함께 출연함）	◆クラシック	classical music　古典音乐　고전 음악
◆公演（こうえん）	performance　公演　공연	◆ジャズ	jazz　爵士乐　재즈
◆ギタリスト	a guitarist 吉他手　기타리스트	◆ピアニスト	a pianist　钢琴手　피아니스트

練習　次の会話文を読んで、後の文から正しいものを選ぼう。（答えは次のページ）

A：今度、大谷美和のコンサート行かない？　ギタリスト２人とピアニストの４人でやるんだって。

B：行く、行く。日本でのコンサートは久しぶりだよね。

A：うん、パリに住んでいるし、海外での活動のほうがずっと多いらしいよ。

B：ふーん。もっと日本でやってくれればいいのに。

A：そうだよね。あ、今度はクラシックだけじゃなくて、映画音楽や日本の歌もやるんだって。

□1　ＡさんはＢさんをコンサートに誘っている。

□2　大谷美和は今度日本で初めてコンサートを開く。

□3　大谷美和は日本国内での活動が少ない。

□4　大谷美和は今度のコンサートでクラシックを演奏しない。

□5　Ｂさんは、大谷美和のコンサートに行きたがっている。

問題 次の文書を読んで、後の問いに答えなさい。(答えは別冊 p.3)

大谷美和 バイオリンリサイタル

曲目：シャコンヌ
Take Five
五木の子守歌 他

20XX年7月3日（土）

ヤマセホール

（開場：14:30　開演 15：00）

全席自由　前売 2,500 円　当日 3,000 円

チケット・問い合わせ　大谷音楽事務所（03-XXXX-XXX）
ヤマセホール（03-XXXX-XXX）

大谷美和 プロフィール：

1970年東京生まれ。22歳の時、プレオベール国際音楽コンクール バイオリン部門にて3位入賞し、国際舞台にデビュー。現在パリ在住(注1)で、演奏活動で世界中を回っている。

推薦(注2)の言葉：高山幸一（音楽評論家）

大谷美和さんと僕との出会いは彼女がまだパリの音楽院の学生だった頃、オーケストラでの共演がきっかけでした。若さに似合わない高度な技術＊と美しいバイオリンの響きに驚かされたものです。

日本の音楽ファンの方は大谷美和といえばクラシックというイメージをお持ちかと思いますが、久しぶりの日本公演となる今回は、ジャズや日本の歌なども弾くとのこと。ギタリスト2人とピアニストと一緒ににぎやかに、ということで彼女のまた違った一面が見られそうです＊＊。先日久しぶりに会った彼女は「今から緊張しています」と笑顔で語ってくれました。僕も非常に楽しみにしています。

（注1）～在住：lives in ...　居住在～　～거주

（注2）推薦：recommendation　推荐　추천

問1　非常に楽しみにしていますとあるが、何が楽しみなのか。

1　大谷美和が語ること　　2　大谷美和の笑顔を見ること

3　大谷美和が緊張すること　　4　大谷美和のコンサート

問2　どのようなことが書かれているか。

1　コンサートの感想　　2　コンサートの紹介

3　コンサートの批評　　4　コンサートの批判

* very good technique for her young age　年纪轻却技艺精湛　젊은데도 불구하고 고도의 연주 테크닉을 구사

** We might see a difference side of her as the performance will be quite lively with two guitarists and a pianist.
她和钢琴手及两名吉他手一起欢快热烈的配合演奏，显出她与平日不同的个性风格。
두 명의 기타리스트와 한 명의 피아니스트로 함께 활기찬 연주를 하는 , 그녀의 또 다른 일면을 볼 수 있을 것 같습니다 .

(左ページの答え→1・3・5)

2日目　お知らせ②

Notice ②
启事 ②
알림 ②

✿決まったパターンに慣れよう②

Try to get used to the sentence patterns! ②
习惯固定格式 ②　정형적인 표현에 익숙해집시다 ②

例えば断水（水道が使えなくなること）のお知らせなら、こんな内容が書いてあります。

◆いつ？	→ 日時を読みましょう！
◆どうすればいい？	→ 飲み水とか、洗い物をする水をくんでおきましょう！
◆どうして？	→ 普通は水道の工事のため。災害や水不足による場合もある。 It is usually because of water pipe construction, but could be due to a natural disaster or water shortage. 一般是因为自来水管维修施工。有时也因自然灾害或干旱缺水。 보통은 수도 공사 때문임 . 재해나 물부족의 경우도 있음 .
◆なぜ工事をするの？	→ 水道管（a water pipe 自来水管 수도관）を直したり新しいのと取り替えたり。
◆工事のあとで…	→ 赤く濁った水が出る場合は、水道課まで連絡する。 Contact the water supply division of the city office when red and cloudy water comes out of the tap. 如流出混浊发红的自来水，请与水道课联系。붉고 탁한 물이 나오는 경우에는 , 수도과로 연락하기 .

練習　次の会話文を読んで、後の文から正しいものを選ぼう。（答えは次のページ）

母親：あ、もう10時だ。あと１時間半だからね。みんなお風呂入ったわね？　今日はお風呂のお湯、捨てないでそのままにしておくから。夜中にトイレに行きたくなったら、バケツにお風呂のお湯をくんで使ってね。飲み水は冷蔵庫にもやかんにも、それから、お鍋にも入ってるし、ペットボトルにも水道の水入れてたくさん置いてあるから。それから……

息子：もうわかったよ。今夜は早く寝るし、朝４時前になんて起きないし。

父親：ははは、家中水だらけだな。断水は一晩だけだっていうのに、災害時みたいだ。

□1　母親は節水をしている。

□2　母親は断水をしている。

□3　母親は断水に備えて準備をしている。

□4　災害のため、水が止まってしまった。

□5　断水は今夜11時半から翌朝４時までらしい。

問題 次のお知らせ読んで、後の問いに答えなさい。（答えは別冊 p.3）

A

断水のお知らせ

（緑が丘地区）

お問い合わせ先：みどり市水道課
（TEL：XXX-123-4567）

下記の通り、水道管の修理工事を行います。工事に伴い(注1)断水となりますので、水道水のくみ置き(注2)など、お願いします。工事中はご迷惑をおかけすることと思いますが、ご理解とご協力をお願い申し上げます。

なお、工事終了後、赤く濁った水が出る場合は市水道課までご連絡をお願いします。

記

○工事場所：みどり市緑が丘１丁目大山神社付近
○断水地域：みどり市緑が丘地区
○施工業者(注3)：（株）グリーン建設（電話 123-4567）
○作業時間：２月20日（木）23時30分～２月21日（金）4時

B

節水のお願い

雨不足により、水源(注4)の水位(注5)が低下しています。最悪の場合は断水となる恐れがあります。

住民の皆さんには、節水にご協力くださいますようお願いします。

みどり市水道課
（TEL：XXX-123-4567）

（注１）工事に伴い：due to construction　因维修施工　공사로 인하여
（注２）くみ置き：emergency water supply　储存用水　예비로 물을 담아 둠
（注３）施工業者：the construction company in charge　施工单位　시공업자
（注４）水源：the source of a river　水源　수원
（注５）水位：water level　水位　수위(물 높이)

問１　Ａの内容と合っていないものはどれか。

1　水道の工事があるので、必要な水は用意しておいたほうがいい。
2　水道の工事があるのは一晩だけだ。
3　水道の工事中は赤く濁った水が出るかもしれない。
4　水道の工事のため４時間半ぐらい水が出ない。

問２　次の①②に入る正しい組み合わせはどれか。

Ａは（①）、Ｂは（②）と言っている。

1　①水が一時的に出なくなる　②水を大切に使ってほしい
2　①水が一時的に濁る　②水が出なくなるかもしれない
3　①水を大切に使ってほしい　②水をくんでおいてほしい
4　①水が濁るかもしれない　②水源の水位に注意してほしい

（左ページの答え→３・５）

第2週　お知らせや通知を読もう

3日目　お知らせ③

Notice ③
启事 ③
알림 ③

✿常識を働かせて必要な情報だけ読み取ろう

Use common sense to select the necessary information!
运用常识，读懂起码应当知道的信息
상식적으로 판단하여 필요한 정보만을 골라 읽어봅시다

例えば日帰り旅行のお知らせにはこんな言葉が出てきます。

◆いつ？	→	集合時間と出発時間に注意！
◆泊まる？	→	日帰り（a day trip　一日游　당일 여행）・○泊○日？
◆何をする？	→	海水浴（swimming in the sea　海水浴　해수욕）・バーベキュー（a barbecue　野外烧烤　바비큐） ○○見学（a visit to ○○　参观○○　○○견학）・ ○○研修（study and training of ○○　○○培训　○○연수）　など
◆お金は？	→	参加費はいくらか いつ集めるか：申し込むとき・旅行当日（on the day of the trip　旅行当天　여행 당일）
◆どうやって行く？	→	バス？　電車？　徒歩？
◆定員	→	人数が決まっている場合があります。 ◆定員になり次第締め切ります。Applications will be accepted until the position is filled. 名额报满为止。 정원이 차는 대로 접수를 마감합니다.
◆申し込みは？	→	いつまで？　だれに？　どうやって？

練習　次の会話文を読んで、後の文から正しいものを選ぼう。（答えは次のページ）

生徒：先生、これ、海に遊びに行くっていうお知らせですよね。いいですね。行きたいです！

教師：じゃあ、早く申し込みをしたほうがいいですよ。40人しか行けませんから。

生徒：あ、でも、2,500円……今日はありません。明日でも大丈夫ですか。

教師：大丈夫だと思いますよ。申し込みだけ今日したらいいんじゃない？

生徒：わかりました。でも、先生、20日は月曜日ですね。月曜日は授業がありますね。

教師：20日は海の日で休みですから、授業はありませんよ。

□1　二人は旅行会社に来ている。

□2　二人は旅行のお知らせの紙を見ている。

□3　旅行に行く人は授業を休む。

□4　代金は旅行の当日に払う。

□5　参加者が40人になったら、申し込みはできなくなる。

問題 次のお知らせを読んで、後の問いに答えなさい。(答えは別冊 p.3)

20XX 年○月○日

夏休みバス旅行のお知らせ

ニコニコ日本語学校
事務局 山中

もうすぐ夏休みです！ みなさん、夏休みの計画は立てましたか？

今年の夏休み日帰りバス旅行は、大島町の白浜海水浴場へ行きます。美しい自然豊かな海水浴場で、遊べるスペースもたくさんあります。海水浴やバーベキューなど、みんなで楽しみましょう。

日　時：20XX 年 7 月 20日（月）海の日　※小雨決行　大雨中止
8:50 集合（学校前）　※ 9:00 には出発します。遅れないようにしてください。
17:30 ごろ学校に到着する予定です。

場　所：大島町　白浜海水浴場
参加費：1 人 2,500 円　※参加費には交通費・食事代が含まれています。
交　通：大型バス 1 台
定　員：40 名

- 参加を希望する人は、申込用紙に記入し、参加費といっしょに受付に出してください。
- 申込締切　7 月 10 日　★ただし、定員になり次第締め切ります。
- 詳しい情報が知りたい人は、事務室山中までお問い合わせください。

日帰りバス旅行　参加申込書

申込日　　月　　日

参加者名＿＿＿＿＿＿＿＿＿＿　　国籍＿＿＿＿＿＿　　性別　男・女

クラス＿＿＿＿＿＿＿＿＿＿　　電話（携帯可）＿＿＿＿＿＿＿＿＿＿

問 1　参加者が旅行の当日、注意しなければならないことは何か。

1　お弁当など昼食の準備
2　出発の 10分前までに集まること
3　参加費を持ってくること
4　申し込みの定員が 40 名になること

問 2　このお知らせの内容と合うものはどれか。

1　急に行けなくなったら参加費は返してもらえる。
2　参加費のほかに交通費や食事代などがかかる。
3　旅行先に泊まらずにその日のうちに帰ってくる。
4　少しでも雨が降ったら旅行は中止になる。

(左ページの答え→２・５)

第2週　お知らせや通知を読もう

4日目　通知①

Notices ①
通知书 ①
통지 ①

✿メールの形式に慣れよう

Let's get used to the proper e-mail format!
习惯电子邮件的格式　전자 메일 형식에 익숙해집시다

~~拝啓　時下ますます～~~
ABCのスミスです。
****
****

ご注文内容ーーーーーー
****
ーーーーーーーーーーー

(株) ABC　山田太郎
yamada@abc.co.jp ...

★メールでは形式的な挨拶などは省略されることが多いです。
Formal greetings are often eliminated in e-mail messages.
电子邮件中常常省略走形式的问候语。전자 메일에는 형식적인 인사 등이 생략되는 경우가 많습니다.

★普通の手紙では最後に来る所属や名前が、メールの場合は最初に来ます。
In e-mail, your position and name come first while in a letter, they come at the end.
一般信件多在末尾写明自己的单位或姓名，但写电子邮件时，则在开头写明。
보통 편지에는 마지막 부분에 소속이나 이름을 쓰지만, 전자 메일의 경우에는 첫 부분에 옵니다.

★連絡先や取引の詳細などの情報は普通後ろにまとめてあります。
Normally the information such as contact info and details of the business transactions are put together at the end. 一般在其后归纳写明联系地址或交易的详细内容等信息。
연락처나 거래의 상세 내용 등의 정보는, 보통 뒷부분에 정리되어 있습니다.

例えば商品の納品に関するメールならこんな言葉が出てきます。

- 納品　delivery of goods　交货　납품
- 遅延　delay　推迟　지연（시간이 늦추어짐）
- 入荷　arrival of goods　进货　입하（상품을 들여옴）
- 手配　arrangements　安排　조정
- 発送　dispatch of goods　寄送　발송
- 納期　deadline　交货期　납기
- 配送　delivery　送货　배송

練習　次の会話文を読んで、後の文から正しいものを選ぼう。（答えは次のページ）

A：プリンター来るの、金曜日だったよね？

B：あ、それが、1週間遅れるんだそうです。18日の午前中……。

A：え？　1週間も？　だったら秋葉原に買いに行けばよかったなあ。あれ、18日って、健康診断で会社にだれもいないんじゃない？

B：あ、そうでしたね。えっと、午後には戻ってこられると思いますけど、ちょっと時間わからないんですよね。19日にしてもらいましょうか。

A：いや、早いほうがいいから、夕方とかにしてもらえないの？

B：じゃ、いちばん遅い時間にしてもらいます。

□1　プリンターは最初の予定では今日届くはずだった。

□2　プリンターは19日の遅い時間に届けてもらうことにした。

□3　AさんもBさんも18日の午前中は会社にいない。

□4　AさんもBさんも19日は午後にしか会社にいない。

□5　プリンターは最初の予定より1週間遅れて届くことになる。

問題 次のeメールを読んで、後の問いに答えなさい。（答えは別冊 p.3）

納品遅延のお詫び

【ＰＣショップ・スマイル】の川田と申します。
この度は当店をご利用いただきまして、ありがとうございます。

ご注文頂きました商品ですが、メーカーの都合で入荷が遅れ、予定通り発送できなくなってしまいましたので、お知らせいたします。

納期より１週間遅れでメーカーから直接配送させていただく予定です。

ご不便・ご迷惑おかけいたしまして、大変申し訳ございません。

下記のとおり、配送予定を変更手配させていただきましたので、ご確認いただきますよう、お願い申し上げます。

■発送日　5月17日
■お届け日　5月18日　午前中

もし5月18日以降で他にお受け取りのご都合のよろしい日時がございましたら、お手数ですが、このメールに返信でご連絡をお願いします。

ご連絡がない場合は、予定通りの発送となります。

==================================

有限会社クラウド　御中
〒XXX-XXXX 台東区○○1-5-2 SKビル4F
[お届け日] 2010/05/18
[お届け時間] 午前中
[商品] EXSON プリンタ NC2000PS
価格 58,000（円）×1＝58,000（円）

==================================

小計　58,000（円）
送料　（無料）

合計　58,000（円）

∞∞∞∞∞∞∞∞∞∞∞∞∞∞∞∞∞∞∞∞∞∞

ＰＣショップ・すまいる　(^^♪

ご注文内容変更や配送に関するお問い合わせ
（配送センター）XXX-XXXX-XXX
受付：AM9:00～PM6:00（水曜日定休）
※お電話でのお問い合わせは営業時間内にお願い致します。

∞∞∞∞∞∞∞∞∞∞∞∞∞∞∞∞∞∞∞∞∞∞

問1　商品の受け取りの希望について、正しくないものはどれか。

1　５月17日以前に希望することはできない。
2　５月17日に希望する場合、夜遅くしかできない。
3　５月18日の午前中に希望する場合、連絡しなくてもよい。
4　５月18日の午後に希望する場合、連絡しなければならない。

問2　このメールの内容と合わないものはどれか。

1　今回の商品に送料はかかっていない。
2　商品の受け取り日時の変更はこのメールに返信する。
3　この店は水曜日以外は営業している。
4　商品が１週間遅れるのは、このPCショップの都合である。

（左ページの答え→３・５）

5日目　通知②

Notices ②
通知书 ②
통지 ②

✿改まった手紙の形式を覚えよう

Try to remember the format of formal letters!
记住正式信件的格式　격식을 갖춘 편지의 형식을 익혀 봅시다

読み飛ばしてもいい部分

①始めと終わりの言葉 → 拝啓……敬具・前略……草々　＊始めと終わりに書く

②始めの挨拶 → ex. 時下ますますご清栄（ご健勝）のこととお喜び申し上げます。
I hope this letter finds you well.　○○时节，谨祝贵体益发康健！
건강하시리라 사려됩니다 .(편지 서두에 쓰이는 인사말 .)

③終わりの挨拶 → ex. 今後のご活躍をお祈り申し上げます。
I wish you all the best in your futures. 谨祝事业发展。 앞으로의 활약을 기원합니다 .

重要な部分

❶キーワード → 書類選考（screening of application forms　文件审查 서류 전형）・一次試験・二次試験
面接・履歴書（personal history　履历表 이력서）

❷結果 → 「不合格」「不採用」→だめだった
「採用」「合格」→二次試験、面接の場所・日時、持っていくものに注意

練習　次の会話文を読んで、後の文から正しいものを選ぼう。（答えは次のページ）

田中：先輩、就活はどうですか？
森　：ああ、就職活動？　一つ落ちて、一つ受かったところ。
田中：わあ、おめでとうございます！　それ、採用通知ですか。
森　：まだだよ。一次が通っただけで、これから二次の面接があるんだから。
あれ、この日、大学の補講があるんだった。どうしよう。
田中：先生にお願いして休ませてもらうとか、会社に別の日にしてもらうとか？
森　：こういう場合、どっちに先に聞いたらいいんだろう？　学生課で相談してみる。

□1　田中さんは森さんの後輩である。
□2　森さんは就職が決まった。
□3　森さんにとって二次試験の日は都合が悪い。
□4　森さんは補講を休んで面接を受ける。
□5　森さんは面接の日を別の日にしてもらう。

問題 次の２つの文書は森さんが受け取った就職試験の結果通知の一部である。読んで、後の問いに答えなさい。（答えは別冊 p.3）

A

ご応募の結果について

拝啓

時下、ますますご健勝のことと、お喜び申し上げます。

このたびは弊社の社員採用試験にご応募いただき、ありがとうございました。

さて、面接の結果につきまして慎重に協議いたしましたが、残念ながら、今回は不採用とさせていただくことになりました。

なお、お預かりした履歴書をご返送いたします。

今後のご活躍をお祈り申し上げます。

敬具

B

面接試験のご案内

前略

先日実施いたしました採用試験の選考の結果、第一次選考に合格されましたので、お知らせいたします。

つきましては、下記の通り面接試験を実施いたしますので、よろしくお願いいたします。

なお、お越しになれない場合は、前日までに必ず当社総務部、本田までご連絡ください。

記

1．日　時：平成 2X 年５月 20日（木曜日）午前９時 30 分～午前 11 時 30 分

※ 午前９時より、受付を開始いたします。

2．場　所：〇〇県みどり市西町３－２－１みどりシティホール１Ｆ　小会議室

3．持ち物：本状・筆記用具・印鑑（交通費を精算いたします）

以上

問１　ＡとＢに共通して書かれていることは何か。

1　面接試験の結果　　2　採用試験の結果

3　面接試験の日程　　4　採用試験の日程

問２　Ｂの通知の内容と合うものはどれか。

1　二次面接に行けない人は、前日に連絡しなければならない。

2　森さんがこの会社に就職できるかどうかはわからない。

3　面接を受ける人は５月20日の９時までに行かなければならない。

4　この会社の面接試験は社内で行われる予定だ。

（左ページの答え→１・３）

第2週　お知らせや通知を読もう

6日目　通知③

Notices ③
通知书 ③
통지 ③

✿遠回しな表現に慣れよう

Let's become familiar with indirect (euphemistic) expressions!
习惯委婉含蓄的表达方式　간접적인 표현에 익숙해집시다

> **********************
> ********* 入金の確認がとれません。*********
> **********************
> ○○していただければ幸いです。**********

入金の確認がとれない
→ 入金されていない

○○してもらえるとうれしいです
→ ○○してください

支払いを催促する手紙にはこんな表現が出てきます。

- **法的手段 / 法的措置**　legal action / a legal measure　法律手段 / 法律措施　법적 수단 / 법적 조치
- **行き違い**　crossed　错过　엇갈리다

練習　次の会話文を読んで、後の文から正しいものを選ぼう。（答えは次のページ）

A：あのさあ、ちょっと聞きたいんだけど、これ、何？
B：え？　どれどれ、……あ、これ、督促状じゃない！
A：え？　とくそくじょう？　何、それ？
B：代金がまだだから、早く払えって。
A：え？　あれ？　インターネットで……クレジットカードで払ったよ。
B：そのときのメールをもう一度確認したほうがいいよ。僕も前にカードで払ったと思ってたのに、実はコンビニの後払いを選択してて、商品が来たときにその払い込み用紙をうっかり捨ててしまったことがあるから。とにかく、ここに早く連絡したほうがいいね。

□1　Aさんはインターネットで買い物をした。
□2　BさんはAさんに貸したお金を早く返してもらいたい。
□3　Aさんはクレジットカードで代金を支払ったと思っている。
□4　BさんはAさんの払い込み用紙を間違って捨ててしまった。
□5　Aさんには、よく督促状が届く。

 次の文書を読んで、後の問いに答えなさい。(答えは別冊 p.3)

20XX 年 3 月 7 日

ミシェル・イナムラ様
○○県みどり市南山町 1 丁目 10

大阪府大阪市○○町 4 − 5
(株) エクセレントコーヒー
代表取締役 山口正男
ネット販売担当 竹下 進 (印)
Tel. 0xx-223-4455

拝啓
時下、ますます御清栄のこととお喜び申し上げます。いつもご利用ありがとうございます。

さて、下記のとおり御請求致しました商品の代金につきましてご入金の確認がとれません。改めて請求書をお送りいたしますので、お確かめの上、お支払いいただきますようお願い申し上げます。

なお、本状と行き違いにお支払い済みの場合はお許しください*。

敬具

記

納品年月日	商品名	金額
20XX 年 2 月 7 日	コーヒー豆セット	3,150 円 (税込)
	送料	0 円
	ご請求金額	3,150 円

問 1 この文書からわからないことはどれか。

1 代金の支払い方法　2 支払わなければならない金額
3 商品の内容　4 商品が届いた日

問 2 この文書といっしょに送られている文書は何か。

1 督促状　2 請求書　3 送信状　4 納品書

* Please kindly ignore this notice if payment has been completed.
此信若在您已经付款之后寄到，敬请原谅。 아울러, 이미 요금을 지불한 상태에 본 서장이 도착했을 경우에는 양해해 주십시오.

(左ページの答え→ 1 ・ 3)

7日目　実戦問題

Practice Exercise
实战问题
실전문제

制限時間：15分
1問25点×4問

点数　／100

（答えは別冊 p.3）

問題1　次の２つの文書はどちらも市民講座の案内である。読んで、下の問いに対する答えとして最もよいものを１・２・３・４から一つ選びなさい。

1　小学生が週に２回ずつ空手の稽古に通う場合、毎月払うお金はいくらになるか。

1　1,000円　　2　2,000円　　3　3,000円　　4　4,000円

2　みどり市のスーパーで働いている62歳の女性が習うことができるのはどれか。

1　空手だけ　　2　ヨガだけ　　3　空手とヨガ　　4　どちらも習えない

空手教室のご案内

子どもから大人まで、礼儀を身に付け、仲間づくりをしながら心と体を強くします。お年寄りの健康維持、女性の護身術(注)としてもお勧めします。皆で楽しみながら一生懸命稽古しています！　私達といっしょに汗を流しませんか？

❖ 稽古日時…（小学生）毎週火・木曜日　16:00 ～ 17:15
　※ 稽古には何回でも参加できます。
　（中学生以上）毎週水曜日　19:00 ～ 20:30

❖ 稽古場所… みどり市体育館　トレーニングルーム

❖ 参加資格… 小学生以上

❖ 会費

入会金	無料	
月会費（スポーツ保険料含む）	小学生	2,000円
	中学・高校生	2,500円
	大学生・一般	3,000円

※ 必要な用具は貸し出します。購入も実費で可能です。
※ 見学はいつでもＯＫです。ぜひ一度見学にいらしてください。

指導員：大友　修三

（注）護身術：体やいのちを危険から守るための技術。

やさしいヨガ講座

― 開講のご案内 ―

ヨガのゆったりとした呼吸で心と体をリフレッシュ！
忙しい毎日の中で心や体が疲れていませんか？
生活習慣で体が曲がったり、ずれたりしていませんか？
そんな体のゆがみを直して、体調をよくする効果もあります。
もちろんシェイプアップ効果も期待できます。
あなたも楽しみながらヨガを始めてみませんか？

●日時　20XX 年５月・６月の毎週木曜日（計８回）
PM6:30 ～ 7:30
●会場　みどり市　寺下公民館
●受講料　１人あたり 3,000 円（全８回分、初回全額納入）
●参加資格　みどり市にお住まい・またはお勤めの 18 歳以上の方
●募集人数　20 人（応募者多数の場合、先着順）
●講師　ビパシャ・シェラワト先生
●申込締切（しめきり）　４月 20 日（火）

お申し込みは寺下公民館（XX-XXXX）まで。

問題2 次の文書を読んで、後の問いに対する答えとして最もよいものを１・２・３・４から一つ選びなさい。

平成ＸＸ年 10 月 10 日

会員 No.1003412

<u>田中まき　様</u>

グリーンサポートクラブ
会計　山下　太郎 (印)
電話 ***-****-****

会費納入のお願い

前略

早速ですが、以前より数回にわたりご通知しておりますとおり、平成 2X 年度の会費が期限の３月末から６ヵ月も未納のままとなっております。

つきましては、今月末日までにお振込みいただきますようお願いいたします。

期限までにお支払いがない場合、会員規約(注1) ９条に基づき、除名の措置を取らせていただきます(注2)ので、ご了承ください。

万一本状と行き違いでお支払いの場合、失礼をお詫び申し上げます。

（注１）規約：きまり・約束事
（注２）除名の措置を取る：会をやめさせる

3 この文書について正しいものはどれか。

1　会費納入のお願いという通知は初めて来た。
2　この人は３ヵ月分の会費が未納になっている。
3　このまま会費を払わなければ会員ではなくなる。
4　会員は会費を毎月払わなければならない。

4 この文書を受け取った後、会費はいつまでに払わなければならないか。

1　10 月 10 日
2　10 月 31 日
3　11 月 10 日
4　11 月 30 日

意見文や説明文を読もう

Let's read opinions and explanations!

阅读各种评论文章和论说文

의견문이나 설명문을 읽어 봅시다

1日目　意見文①

Opinions ①
评论文章①
의견문①

✿文末表現に注意！

Be careful with words/phrases at the end of the sentence!
注意文章末尾的表现形式！　문장 끝 부분의 표현에 주의！

こんな表現に注意しましょう！

① ～一方だ。
～つつある。
＝～の状態だ。
Indicates the present condition.
正处于～状态。　～하고 있는 상태이다.

② ～に至る。
～次第だ。
～始末だ。
＝～という結果になった。
Indicates the result or consequences.
造成～结果。　～라는 결과가 되었다.

練習　次の会話文を読んで、後の文から正しいものを選ぼう。（答えは次のページ）

男の人：また病院のミスで患者が死んだんだって。看護師(注1)が患者に間違った薬を点滴(注2)したらしいよ。
女の人：え？　薬の確認は当然するでしょう？
男の人：確認はしたけど患者の名前が間違って書かれていたんだって。
女の人：信じられない。そんなケアレスミス(注3)で人の命が奪われる(注4)なんて……。
男の人：ああ、ひどいよね。ニュースにならないミスはもっともっとあるということなんだろうね。

（注１）看護師：a nurse　护士　간호사
（注２）点滴：an intravenous drip　输液　점적주사（링거액 주사）
（注３）ケアレスミス：a careless mistake　因疏忽而出错　부주의로 인한 실수
（注４）命が奪われる：to be killed　夺走性命　생명을 빼앗기다

□1　患者が死んだのは、病院のせいである。
□2　病院の不注意で、患者が違う薬を飲んでしまった。
□3　看護師は薬の確認をしなかった。
□4　女の人は看護師たちが薬の名前を知らなかったことが信じられない。
□5　男の人は、病院の不注意はたくさんあると思っている。

問題 次の文章を読んで、後の問いに答えなさい。(答えは別冊 p.4)

増え続ける医療ミス――――

ニュースを見たとたん、思わず「またか！」と声を上げてしまった。病院のケアレスミスで、また一人の患者が死に至った。

今回のミスは、似た名前の別人に間違った薬を点滴してしまったというものである*。ちょっと気をつけて①確認すれば、簡単に避けられるようなミスだ。責任者である院長が、どんなに謝っても失われた命は二度と帰らない。

最近、このような事故が増える一方である。いや、これは事故ではなく、「殺人」である。よく「人間は間違う動物だ」などと言うが、大切な命を預かる**病院で、ケアレスミスは許されないことだ。すべての病院関係者はこのことを②人ごととはせずに重く受け止め(注2)、自分の病院のシステムを見直す努力をしてほしい。

――――システム(注1)の見直しを！

(注1) システム：a system　体系　시스템

(注2) 重く受け止める：to take a matter very seriously　深刻认识　중요하게 받아들이다

問1　①確認すればとあるが、何を確認するのか。

1　ケアレスミス　　2　患者の状態　　3　点滴の量　　4　患者の名前

問2　②人ごととはせずにとあるが、どういう意味か。

1　自分には関係ないことと思わないで

2　人間だけのこととは思わないで

3　患者だけのこととは思わないで

4　重要ではないとは思わないで

* The most recent incident involved an intravenous drip being inadvertently administered to a patient with a similar name.
这次的事故是错在把药液输给了姓名相似的其他病人。
이번 실수는 , 이름이 비슷한 다른 사람에게 잘못된 점적주사를 놓아 버렸다는 내용이다 .

** to be responsible for saving people's lives　掌管珍贵的生命　소중한 생명을 돌보다

(左ページの答え→１・５)

第3週　意見文や説明文を読もう

2日目　意見文②

Opinions ②
评论文章②
의견문②

✿カタカナで書かれた言葉に注意！①
— 和製英語の場合

Pay attention to "*katakana*" words! ①
— Japanese words derived from English.
注意片假名标写的词汇！① — 日式英语的事例
가타카나로 쓰여 있는 말에 주의！① — 일본식 영어의 경우

例えばこんな言葉が和製英語です。

- モーニングコール　a wake-up call
- ケアレスミス　a careless mistake
- ペーパーテスト　a written test
- ベビーカー　a baby carriage, stroller, pram
- パソコン　a personal computer
- リモコン　a remote-control device
- コンビニ　a convenience store
- マナー　manners

★ほかにもたくさんありますが、これらは外来語ではなく、日本語として考えましょう。

There are other similar words, but let's consider them as Japanese words rather than words of foreign origin.
虽然还有许多词汇，但这些词汇不应该视为外来语，而应作为日语来思考。
그 외에도 많이 있습니다만, 이러한 것은 외래어가 아니라 일본어로 생각합시다.

練習　次の会話文を読んで、後の文から正しいものを選ぼう。（答えは次のページ）

Ａ：最近の若い親には頭に来るんですよ。電車の中で自分の子どもが走っていても注意しないし、靴のまま座席に上がらせるし、まったく子どものしつけがなっていません(注1)よ。

Ｂ：いやー、子どものしつけがなっていないどころか(注2)、親自身のマナーがひどい。子どもに注意すると、親がにらんでくるんですよ*。あのベビーカーもやめてほしいですよ。混んだ電車にそのまま乗ってくるし。

Ａ：親にも子どもにも注意してやらないといけないっていうことですよね。

（注１）しつけがなっていない：haven't been taught how to behave　缺少家教　예절 교육이 되어 있지 않다
（注２）～どころか：rather　岂止是～　~은/는 커녕

□1　Ａさんは自分の子どものしつけができていない。
□2　Ｂさんは親より子どものしつけが大切だと言っている。
□3　ＡさんもＢさんも親のマナーが悪いと思っている。
□4　Ｂさんはベビーカーに子どもを乗せたまま電車に乗ってくる親に文句がある。
□5　Ａさんはにらまれるので親には注意したくない。

* The parent started glaring at me!　家长对我怒目而视。　부모가 매섭게 쏘아보다.

 次の文は雑誌に寄せらせた投書である。読んで後の問いに答えなさい。(答えは別冊p.4)

チョット一言

最近の若い母親に言いたい。電車の中ではベビーカーをたたんでほしい。

ベビーカーは赤ちゃんを乗せるもの。たたんでしまえば大きな荷物になってしまう。赤ちゃんのほかに大きな荷物を抱えるのは大変だ。それはわかる。しかし、混んだ電車の中にまで平気で(注1)赤ちゃんを乗せたまま乗り込んでくるのは迷惑である。まるで「私はこんな小さい子を連れていて大変なんです。場所を空けてくれるのは当たり前でしょ。」と言っているような顔をする。こちらがちょっと迷惑そうな顔をすると反対に①<u>にらみつけてくる</u>(注2)。すいているときならともかく*、混んだ車内では絶対に折りたたむ(注3)べきだ。今のベビーカーは昔のとは違って軽く、簡単にたためるのだから。

最近、電車の中でマナーの悪い子どもをよく見かけるが、注意をしない親に問題がある。子どもをしつける(注4)前に、まず教育しなければならないのは親のほうだ。周りの人も黙っていないで、注意をするべきだろう。今まで、迷惑だと思うだけで何も言わずにきたが、今度からははっきり言わせてもらおう。「　②　」と。

(東京都　主婦　五十二歳)

(注1) 平気で：to be very insensitive　满不在乎　태연히

(注2) にらみつける：to glare at　怒目而视　매섭게 쏘아보다

(注3) 折りたたむ：to fold it　折叠　접어 개다

(注4) しつける：to teach how to behave　管教　예절 교육을 시키다

問1　①<u>にらみつけてくる</u>とあるが、そのときの若い母親の気持ちに最も近いものはどれか。

1　この人は、なんてしつけがなっていない人なんだろう。

2　この人は、なんてやさしくない人なんだろう。

3　この人は、なんて迷惑な人なんだろう。

4　この人は、なんて気が強い人なんだろう。

問2　「　②　」の中に入る最も適当な言葉はどれか。

1　混んだ電車ではベビーカーをたたんでください

2　混んだ電車に乗らないでください

3　子どもの前に親の教育をしてください

4　だまっていないで注意をしてください

* When it is not crowded, it might be possible but …　不拥挤的时候也就罢了　붐비지 않을 때라면 어떻든

(左ページの答え→3・4)

3日目　意見文③

Opinions ③
评论文章③
의견문③

✿筆者が最も言いたいことを理解しよう

Try to understand what the author wants to say most!
理解笔者最想表达的意思
글쓴이가 가장 말하고 싶어하는 것을 알아내 봅시다

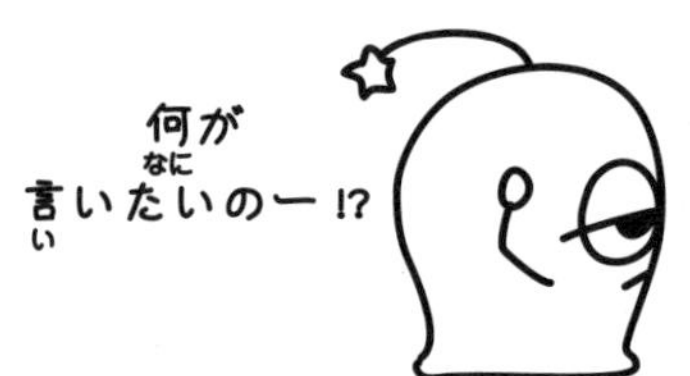

筆者の言いたいことを読み取るときは……

一般的な意見

自分の気持ち

★常識や一般的意見ではなく、筆者が文章の中でいちばん言いたいことを考えましょう。

Think about what the author really wants to say and try to go beyond commonly shared opinions.
不要顾及常识或一般性意见，而是应考虑笔者在文章中最想表达的意思。
상식이나 일반적인 의견이 아니라, 글쓴이가 글에서 가장 말하고 싶어하는 것을 생각해 봅시다.

練習　次の会話文を読んで、後の文から正しいものを選ぼう。（答えは次のページ）

Ａさん：近ごろ、この辺も物騒(注1)になってきたね。
Ｂさん：本当に。この間もコンビニ強盗(注2)があったしね。
Ａさん：あの犯人の高校生、家はお金持ちでお金には不自由していなかった(注3)らしいよ。
Ｂさん：じゃ、どうしてそんなことしたのかな。
Ａさん：ただスリルを味わいたかった(注4)んだって。
Ｂさん：え？　そんな理由ってないんじゃないの？

（注１）物騒：dangerous　治安不好　안전하지 않음　　（注２）強盗：burglary　抢劫　강도
（注３）不自由しない：to have enough money　不愁吃不愁穿　부족함을 느끼지 않는다 혹은 군색하지 않다
（注４）スリルを味わう：to enjoy a thrill　体验惊险刺激　긴장감을 즐기다

□1　最近この近くは危険な出来事が多い。
□2　コンビニ強盗の犯人はまだ捕まっていない。
□3　犯人の高校生はお金持ちの家に強盗に入った。
□4　犯人はお金が目的でコンビニ強盗をした。
□5　犯人はスリルを楽しむためにコンビニ強盗をした。

問題 次の文章を読んで、後の問いに答えなさい。(答えは別冊 p.4)

日本のことわざに「盗人にも三分の理」というのがある。この場合、「三分」は10分の3、「理」は物事の理由を表す。つまり「たとえ泥棒であっても30%くらいは納得のできる理由がある*(だから、どんなことにも無理に理由をつけることはできる)」という意味だ。

ところが①近ごろの犯罪はどうだろう。

何の不自由もなさそうな普通の少年少女が、特に欲しくもないものを万引きしたり(注1)、ただ退屈だからという理由で物を壊したりする。「なぜそういうことをした」と聞いても、彼らは「別に」「なんとなく」などと答えることが多い。先日のコンビニ強盗した高校生も、ただスリルを楽しむためにやったということだ。また、最近は「騒ぐと殺す」というような言葉もなく、いきなり暴行(注2)あるいは殺害し(注3)、金などを奪う犯罪も多い。これなどは被害者をまったく人間扱いせず、効率(注4)のみを考えたやり方である**。

「理」などというものは、どこを探しても「三分」どころか、(②)。

(注1) 万引きする:to shop-lift 扒窃 물건을 훔치다
(注2) 暴行する:to assault 施暴 폭행을 하다
(注3) 殺害する:to murder 杀害 살해하다
(注4) 効率:efficiency 效率 효율

問1 筆者が①近ごろの犯罪について最も言いたいのはどれか。

1 昔とは違って、今は理由のない犯罪が多い。
2 昔とは違って、今の犯罪者はお金が目的ではない。
3 昔に比べて、今は強盗や殺人などの犯罪が多い。
4 昔に比べて、今の犯罪者は普通の若者が多い。

問2 (②)に入る言葉として最も適当なものはどれか。

1 1%くらいはあると言えるだろう
2 1%くらいは見つかるかもしれない
3 まったく見つからないのである
4 まったくないとは言えないのである

* Among the reasons for stealing provided by robbers, 30% is reasonable.
即使是小偷也有三分令人同情的理由。 설령 도둑이라 할지라도 30% 정도는 납득할 만한 이유가 있다.

** In this case, the suspect showed no respect for the victim as a human and just quickly took what he wanted.
这些完全是不把受害者当人，而是只想到效率的做法。 이러한 것들은 피해자를 전혀 인간 취급을 하지 않고, 효율만을 고려한 방법이다.

(左ページの答え→1・5)

4日目　意見文④

Opinions ④
评论文章④
의견문④

✿問われている部分に焦点を当てて読もう

Try to focus on the main ideas as you read!
找准并阅读议论的核心部分
묻고 있는 부분에 초점을 맞추어 읽어 봅시다

例えばこんなことを問われたら？

- ◆○○なのはなぜか。 → ◆理由を表す部分を探そう！ → ……であるから、○○だ。
- ◆何が△△なのか。 → ◆指示語のさす部分を探そう！ → ……。それは△△だ。

練習　次の会話文を読んで、後の文から正しいものを選ぼう。（答えは次のページ）

妻：もう、まったく、あの子ったら、毎日だらだらと過ごして……しょうがないんだから。パパからも叱ってよ。今からきちんと勉強しておかないと！ ほんと、もったいない。私があの子だったらと思うけどな。若い時は二度ないんだし。

夫：あいつはあいつでちゃんと考えているさ。それより、君はどうなの？

妻：え？　私？　私はもう……。

夫：もう、何？　終わったと思ってるの？　若いときだけが大事だとか思ってないよね。俺たちだって同じだよ。ただ毎日を忙しく過ごせばいいってわけじゃない。勉強したり、楽しんだり、泣いたり笑ったりしないと。人生にはその年その年で特有の(注)喜びや悲しみがあるんだから。だから、あいつにも今をただ老後の準備にはしてほしくないね、俺は。

（注）特有の：unique 特有的 특유한

- □1　妻は若い人は若い時を大事に過ごすべきだと思っている。
- □2　夫は大事に過ごすのは中年も老年も同じだと思っている。
- □3　妻は老後をどう過ごすかが大事だと思っている。
- □4　夫は子どもにあまり勉強してほしくないと思っている。
- □5　妻は子どもより自分と夫の老後のことを心配している。

問題 次の文章を読んで、後の問いに答えなさい。（答えは別冊 p.4）

若い時は二度ない──と言う。だから、若い時代を大事にせよ、といった意味である。

なるほど、その通りである。だが、皮肉屋(注1)のわたしは、このことばに反論したい。たしかに若い時は一度しかないが、中年だって、老年だって一度しかないのである。われわれは若い時代を大事にすべきであるが、同様に中年を大事にすべきであるし、老年を大事にしなければならない。①若い時代だけを特別視する必要はないのである。

わたし自身は先ごろ、五十三歳になった。昔の呼称だと、もう立派な“老年”である。だから、ひがんで(注2)言っているのではない。わたしは、老年には老年のよさがあると思っている。(中略) 人生のそれぞれの段階には、それぞれに違った人生のこくがある。わたしはそう思っている。わたしたちは、それぞれの段階に特有な人生の喜びと悲しみを味わいながら生きたい。

にもかかわらず、どうして若い時代だけが特別視されるのか!? わたしには不思議である。思うに、人々は若い時代を準備段階と考えているようだ。若い時にしっかりと学問や体験の蓄積をしておかないと、後になって困る。だから、若いうちから遊びほうけて(注3)いてはいけない。と、結局は、若者に自制と禁欲(注4)を呼びかけているのである。

でも、わたしは、②それはまちがいだと思う。若い時代に、若い時代に特有の人生の喜び・悲しみを体験しておかないと、中年や老年になって、その段階での人生の喜び・悲しみが味わえない。若い時代は決して準備段階ではない。若者はそのことを銘記すべき(注5)である。

（ひろさちや『まんだら人生論（下）』読売新聞社）

（注１）皮肉屋：a sarcastic person　讽刺家　잘 빈정거리는 사람　（注２）ひがむ：to be jealous　嫉妒　비뚤어지게 받아들이다

（注３）遊びほうける：to play around and not work　沉迷于玩乐　노는 데 정신이 팔리다

（注４）自制と禁欲：self-control and abstinence　自制和禁欲　자제와 금욕

（注５）銘記する：to engrave　牢记在心　명심하다

問１　①若い時代だけを特別視する必要はないとあるが、それはなぜか。

1　老年のほうが人生のよさがあるから。
2　自分が皮肉屋だから。
3　若い時代と同様に、中年、老年も大事だから。
4　若いときは一度しかないから。

問２　②それはまちがいだと思うとあるが、何がまちがいであると思うのか。

1　若いうちから遊びほうけること
2　若い時代にしっかりと学問や体験の蓄積をすること
3　若い時代を特別視しないこと
4　若者に自制と禁欲を呼びかけること

（左ページの答え→１・２）

第3週　意見文や説明文を読もう

5日目　説明文①

Explanatory Notes ①
论说文 ①
설명문 ①

✿指示語に注意！①

Pay attention to demonstratives! ①
注意指示代词！ ①　지시어에 주의！①

前の内容を指す場合が多いです。例えば…

もうすぐサクラが咲く。**これ**を楽しみにしている人は多い。

◆ 内容が一文だけでなく長い場合もある。

サクラが咲くと酒が飲める。ぼくには花の美しさより**それ**のほうが楽しみなのだ。

◆ すぐ前といっても、「花の美しさ」ではないことは内容から考える。

練習　次の会話文を読んで、後の文から正しいものを選ぼう。(答えは次のページ)

男の人：あれ、ここも禁煙？　この会社も吸えるところがどんどん減っちゃって、居心地悪く(注1)なったよな。道路でも吸ったら罰金(注2)取られるっていうし。喫煙者(注3)はつらいよ。

女の人：じゃ、やめちゃえばいいじゃない。どんどん値上がりしているんでしょ。体に悪いし、それに、周りの人にとっても迷惑だし。

男の人：……。でも、だったら、酔っ払いだって迷惑だと思うんだけどなあ。

女の人：いえ、お酒より絶対に迷惑よ。煙はいやでも私たちの体に入ってくるんだから。

(注1) 居心地(が)悪い：to feel uncomfortable　感觉不舒服　마음이 편하지 않은

(注2) 罰金：a fine　罚款　벌금

(注3) 喫煙者：a smoker　吸烟者　흡연자

- □1　この会社では、タバコを吸う場所がない。
- □2　男の人は道路でタバコを吸って罰金を払った。
- □3　女の人は男の人にタバコをやめるように勧めている。
- □4　男の人は、喫煙者は酔っ払いほど迷惑をかけていないと言っている。
- □5　女の人は、酔っ払いより喫煙者のほうが迷惑だと思っている。

問題 次の文章を読んで、後の問いに答えなさい。(答えは別冊 p.4)

近年(注1)、日本では「分煙(注2)」「終日禁煙」が当たり前になりつつある。電車やホテル、公共施設(注3)などでも禁煙になっているところがほとんどである。会社でも喫煙できるスペースは年々狭くなっているようだ。また、路上でタバコを吸えば罰金を払わなければいけない地域もある。

喫煙者はこれをかなり不満に思っていて、なぜ酒はよくてタバコはダメなのかと反論(注4)をする。しかし、よく考えればやはり①その違いは明らかである。酔っ払いが周りに迷惑をかけることはあっても、酒そのものが周囲の人の体に直接影響を与えることはない*。それに対して喫煙にはやっかいな(注5)煙が付き物(注6)だ。タバコの先から出る煙は空気中に広がる。つまり、煙は周囲の人々の肺(注7)にも入るのである。

「タバコ臭い」とか「煙い」ということより、②これが喫煙者が嫌われる大きな理由である。

(注1) 近年：recently　近年来　최근의 몇 년
(注2) 分煙：separation of smoking areas　隔离吸烟区　흡연 구역 분리
(注3) 公共施設：a public place　公共设施　공공시설
(注4) 反論：to refute/object　反驳　반론
(注5) やっかいな：cumbersome　烦人的　다루기가 까다로운
(注6) 付き物：something which comes with it　附属物　으레 따르게 마련인 것
(注7) 肺：a lung　肺　폐

問1 ①その違いとは何の違いか。

1 禁煙と罰金　　2 煙と臭い
3 酒とタバコ　　4 酔っ払いと喫煙家

問2 ②これとは何を指しているか。

1 タバコを吸うこと
2 タバコが臭く、煙いこと
3 タバコの煙が周りの人の健康を害すること
4 タバコを吸える場所が狭くなっていること

第三週

* Although drinkers disturb other people, they don't harm their health.
喝醉酒的人虽然可能会给周围的人添麻烦，但酒本身并不会对周围人的身体带来直接的影响。
술에 취한 사람이 주위에 폐를 끼치는 일은 있어도, 술 자체가 주위 사람의 몸에 직접 영향을 끼치는 일은 없다.

(左ページの答え→3・5)

第3週　意見文や説明文を読もう

6日目　説明文②

Explanatory Notes ②
论说文②
설명문②

✿「ない」が入った文末表現に注意！

Pay attention to the sentences with「ない」at the end!
注意句尾有「ない」的表达形式!
문장 끝에「ない」가 있는 표현에 주의!

例えばこんな表現があります。

表現	言い換え	意味
◆ ～とは限らない	(＝～ないかもしれない)	... is not necessarily the case 不一定～　~이 / 가 아닐지도 모른다
◆ ～にすぎない	(＝～だけだ)	only… 不过是～　~일 뿐이다
◆ ～に違いない ～に相違ない	(＝きっと～だ)	must be… 一定是～／肯定是～ ~임에 틀림없다
◆ ～にほかならない	(＝確かに～だ)	is certainly … 确实是～　틀림없이 ~이다
◆ ～かねない	(＝～しそうだ)	could be … (literally: ... is not impossible) 也许～　~할 것 같다
◆ ～わけにはいかない	(＝～できない)	cannot be …　不可能～　~할 수는 없다

ほかにも
たくさん
あるよ！

練習　次の会話文を読んで、後の文から正しいものを選ぼう。(答えは次のページ)

A：あ、この地球儀(注1)、おもしろいね。でこぼこしている(注2)。

B：そう、山のところは出っ張って(注3)いるんだ。でもね、これ変だよ。だって、地球の大きさから考えると、国際宇宙ステーション(注4)だってこの地球儀の表面から1センチぐらいしか離れていないところを回っていることになるんだよ。この山なんて1センチ以上出ている。だから変なんだよ。つまり、正しい地球儀はツルツルでなければいけないんだよ*。

(注1) 地球儀：a globe　地球仪　지구본
(注2) でこぼこしている：to have an uneven surface　凹凸不平　울퉁불퉁하다
(注3) 出っ張る：to stick out　突出　튀어나오다
(注4) 国際宇宙ステーション：an international space station　国际空间站　국제 우주 정거장

□1　この地球儀は丸くない。
□2　この地球儀の表面はツルツルしていない。
□3　この地球儀は山の位置が間違っている。
□4　この地球儀では山は1センチでなければいけない。
□5　この地球儀は実際の山の高さを正しく表していない。

* A good globe must have a very smooth surface.
正确的地球仪应该是表面光滑的。 정확한 지구본은 표면이 매끈매끈하지 않으면 안되는 거야.

次の文章を読んで、後の問いに答えなさい。（答えは別冊 p.4）

でこぼこの地球儀

先日、宇宙飛行士を乗せたロシアの宇宙船ソユーズ（注１）が、また国際宇宙ステーションに向けて飛び立ちました。国際宇宙ステーションは地表（注２）から約 400キロ上空に位置し、地球の周りを 1 周約 90 分というスピードで回っています。そこから青く光る地球を見たとき、人はどんな気持ちがするのでしょうか。考えただけでもわくわくします（注３）。

ところで、この距離は地球の大きさからいってどのぐらいでしょうか。地球の直径は、およそ 12,700 キロ。地表から 400キロのところというのは１センチとちょっとということになります。これでは、ほとんど地球の表面と変わりません。つまり、国際宇宙ステーションへ宇宙旅行といっても、地球の規模（注４）から見ると、①地上と変わらないところを回っているにほかならないのです。

このことから考えると、海や山を表現したでこぼこした地球儀がありますが、これは全く正しくないことがわかります。地球でいちばん高いエベレスト山も 30 センチの地球儀では高さはわずか 0.2 ミリにすぎません。つまり正しい地球儀は②ツルツルでなければならないのです。

（注１）ソユーズ：Soyuz: a Russian spacecraft　联盟号　소유스 , 러시아의 우주선

（注２）地表：the surface of the earth　地表　지구의 표면

（注３）わくわくする：to be excited　兴奋不已　두근두근하다

（注４）規模：a scale　规模　규모

問１　①地上と変わらないところを回っているにほかならないとあるが、どういう意味か。

1　ほとんど地表といっていいところを回っているだけだ
2　地球上の変化のないところを回っているだけだ
3　地球の表面を回っているわけではない
4　地面と同じ場所を回っているわけではない

問２　②ツルツルでなければならないとはどういう意味か。

1　でこぼこしていてはおかしい
2　よく回転するようにしなければならない
3　でこぼこが逆でないとおかしい
4　きれいに磨かなければならない

（左ページの答え→２・５）

7日目　実戦問題（じっせんもんだい）

Practice Exercise
实战问题
실전문제

制限時間（せいげんじかん）：15分（ふん）
1問（もん）25点（てん）×4問（もん）

点数（てんすう）　／100

（答え（こたえ）は別冊（べっさつ）p.4）

問題1　次の文章は「相談者」からの相談と、それに対するＡとＢからの回答である。三つの文章を読んで、後の問いに対する答えとして、最もよいものを１・２・３・４から一つ選びなさい。

相談者：

うちの子は小学校に入ってから、ご飯を食べる前に「いただきます」と言うようになりました。うちではそんなことを教えていなかったのに、学校で給食のときにみんなで言わされているようなのです。「いただきます」だなんて、食べ物を学校からもらっているわけではありません。ちゃんと給食費を払っているのに、なぜそんなことを言わされなければならないのか、私にはわかりません。給食費を払っていない家庭があるそうですから、そういう家の子にだけ「いただきます」と言わせればいいんじゃないかと腹立たしく思います。学校に抗議（こうぎ）しようと思っているのですが、私は間違っていますか。

回答者：Ａ

「いただきます」の意味をご存じないとは驚（おどろ）きました。確かに、人から何かをもらったときに「ありがとうございます。いただきます。」というふうにも言いますが、それとは違います。私たちは植物や動物の命をいただいて自分の命をつないでいます。ですから、食べる前にその感謝の心を表すために「いただきます」というのです。お金を払っているかどうかという問題ではないのです。学校が強制的に「いただきます」と言わなければ絶対にいけないと言わない限り、抗議（こうぎ）するほうが間違っていると思います。

まずは、あなたが「いただきます」の本当の意味を理解すべきでしょう。

回答者：B

あなたの家では食べるときに何も言わないのですね。それはそれで構わないと思いますが「いただきます」は挨拶（あいさつ）ですから、学校で、「おはようございます」「さようなら」などと同じように言うのは普通のことです。給食費を払っているかどうかとは関係ないのです。

ちなみにうちでは「いただきます」とみんな言います。本来は食べ物をいただける感謝を表した表現だと思いますが、どちらかというと料理を作ってくれた人や食べ物を用意してくれた人への感謝の気持ちが自然にわいてくることが多いと感じます。そういう意味でも挨拶というのは悪くない習慣だと思いますし、あなたも挨拶だと思えば腹も立たないのではないでしょうか。

第三週

1 相談者は、「いただきます」の意味をどう理解しているか。

1　学校で給食を食べる前に言う挨拶（あいさつ）の表現である。
2　人からいただいたものに対して感謝する表現である。
3　給食費を払わない場合に言う挨拶（あいさつ）の表現である。
4　料理を作ってくれた人に対して感謝する表現である。

2 相談者の相談に対するA、Bの回答について正しいのはどれか。

1　Aは相談者が「いただきます」の意味を理解していないことに驚（おどろ）き、Bは相談者がその表現を使わないことに驚いている。
2　Aは強制的に「いただきます」を言わせる学校に抗議（こうぎ）すべきだと言い、Bは挨拶（あいさつ）だと考えて抗議しないほうがいいと言っている。
3　AもBも、食事の前にする「いただきます」という表現の意味を相談者が正しく理解すべきだと言っている。
4　AもBも、食事の前の「いただきます」という挨拶（あいさつ）を家でも学校でも子どもにもさせるべきだと言っている。

問題2　次の文章を読んで、後の問いに対する答えとして最もよいものを１・２・３・４から一つ選びなさい。

教えられたことをおぼえるだけなら、電子計算機はみんなおぼえちゃうよ。よくおぼえたものは成績がいいなんて、コケなこと(注1)だな。学校の成績がいいやつで、仕事のできないやつがたくさんいるんでね、おかしいと思って、医務室へいってきいたんです。脳の構造はね、考えるところが大脳で、運動神経を扱っているのが小脳。ものをおぼえるところ、電子計算機のコンピュータの役目のところは、どのくらいの大きさだっていったら、この脳のなかで親指ぐらいのもんだそうだ。してみると、親指ぐらいのものが成熟したか、せんかで(注2)、成績がいい、悪いなんて答えを出すのは僭越(注3)だね。いまの学校は<u>その答を出して</u>人間の一生を左右しちまう(注4)。

（PHP 研究所編『本田宗一郎「一日一話」 ── “独創”に賭ける男の哲学』PHP 研究所）

（注１）コケなこと：ばかなこと
（注２）せんかで：しないかで
（注３）僭越：自分の力や権限を越えたこと
（注４）しちまう：してしまう

3　<u>その答を出して</u>とはどういう意味か。

1　成績がいいか悪いか決めて
2　覚える部分の脳の大きさをはかって
3　学校の成績がいい人がなぜ仕事ができないか聞いて
4　人間の一生を左右するかどうか考えて

4　この文章で筆者が言いたいことは何か。

1　人間の脳はおぼえるだけの電子計算機に比べてはるかにすばらしい。
2　仕事ができるかどうかは脳のどの部分で考えているかによる。
3　脳のなかで重要な働きをする部分は意外に小さい。
4　おぼえることだけを重視した現在の学校教育のあり方はおかしい。

第4週

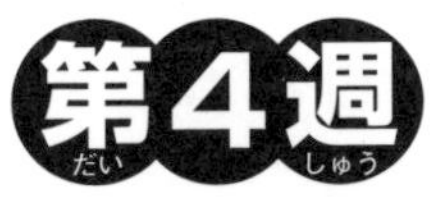

エッセイや小説を読もう

Let's read essays and novels!

阅读各种散文和小说

수필이나 소설을 읽어 봅시다

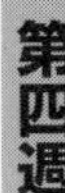

第4週　エッセイや小説を読もう

1日目　エッセイ①

Essays ①
散文①
수필①

✿答えが書いてある部分を見つけよう

Let's focus on locating the answers!
从字面上寻找答案　답이 써 있는 부분을 찾아봅시다

例えば問いが次のような場合

- ○○とは何のことか。　→　……。それは、○○のようのものであった。
- △△したのはいつか。　→　……ころが△△したといえるのかもしれない。
- 何のために ×× したのか。　→　……ためにしか ×× しなかった。

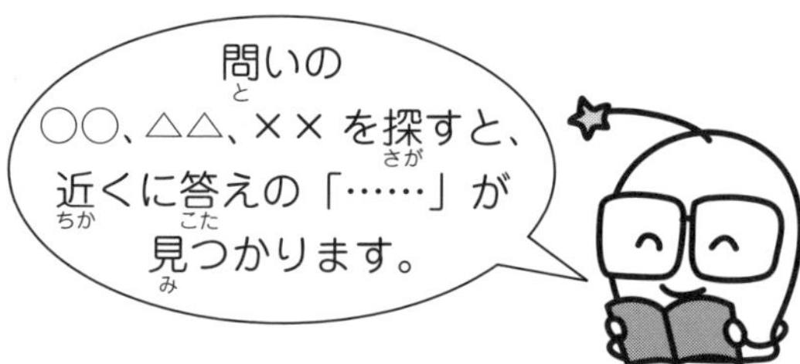

練習　次の会話文を読んで、後の文から正しいものを選ぼう。（答えは次のページ）

娘：最近、本を読まなくなったなあ、私。
母：え？ いつも読んでいるじゃないの。
娘：ああ、仕事関係の本ばかりなの。そういう、必要にせまられて(注)っていうのは違うでしょ。中学のころからかな、こんなふうになったのは。レポート書くためとか。子どものころは本当にただ本を読んでいたのにね。楽しかったなあ……。
母：そうね、うれしそうに、よく図書館に通っていたわね。あんまり買ってやれなかったしね。

（注）必要にせまられて：out of necessity　迫于无奈　필요해서 어쩔 수 없이

□1　娘は大人になってから本を読んでいない。
□2　母は娘が子どものころ、よく本を買ってやった。
□3　娘は中学のころ、よく好きな本を読んで楽しんだ。
□4　母は、娘が子どものころ、図書館で働いていた。
□5　娘は子どものころの読書が楽しかったと思っている。

問題 次の文章を読んで、後の問いに答えなさい。（答えは別冊 p.5）

子どものころ、よく図書館へ行って本を借りたものだ。自分では楽しんで本を読んでいるという意識はなかった。読み終えた本を返しに行くと、そこに当然のことだが未知の本があり、それをまた借りる、ということを繰り返していたのだ。中学に入学したころからは、学校のレポート提出などのためにしか本を読まなくなった。それは一種の作業のようなものであった。社会人になってから、読みたい本ぐらいはいくらでも買えるようになったが、仕事がらみ(注)で必要にせまられてのことが多い。今思うと、図書館通いをしていたあのころが、ほんとうに読書を楽しんでいたと言えるのかもしれない。

（注）仕事がらみ：work related　工作关系　일 관계상

問1 一種の作業のようなものとは何のことか。

1 社会人になって本を買うこと
2 学校でレポートを提出すること
3 レポート提出のために本を読むこと
4 図書館で本を借りたり返したりすること

問2 筆者がほんとうに読書を楽しんでいたと思われるのはいつか。

1 子どものころ
2 子どものときからずっと今も
3 中学生のころ
4 仕事をするようになってから

第四週

（左ページの答え→5）

第4週　エッセイや小説を読もう

2日目　エッセイ②

Essays ②
散文②
수필②

✿実際に起きたことかどうか考えよう

Try to understand what actually happened!
想想事情是否已经实际发生
실제로 일어난 일인가 아닌가를 생각해 봅시다

実際にはしなかった過去の仮定

もし**あの飛行機に乗っていたら**、**事故にあっていただろう**。

↓ 実際は飛行機に乗っていない

↓ 実際は事故にあっていない

乗らなくてよかったね！

あのとき**もっと勉強していたら**、今ごろ**博士になっていただろう**。

↓ 実際は勉強が足りなかった

↓ 実際は博士になっていない

あのときもっと勉強すればよかった…

練習　次の会話文を読んで、後の文から正しいものを選ぼう。（答えは次のページ）

学生：先生、日本人はだれかがくしゃみしても、Bless you とか言わないんですよね。

教師：「だれかが噂している」と言うことはありますが、特に何も言いませんね。でも、この間読んだ本によると、沖縄では子どもがくしゃみをすると、そばにいる人が何か言うらしいですよ。それを言わないと子どもが幽霊に連れて行かれるとか。

学生：へえー、日本語にも Bless you にあたる表現があったんですね。

教師：沖縄だけでなく、『徒然草』という古い本には、「くさめくさめ」と言う、言わないと死んでしまう、と書いてあるそうです。「くさめ」は「くしゃみ」のことですね。……あ、……はっくしょん！

学生：くしゃみくしゃみ！

□1　日本では、くしゃみをすると「だれかがうわさをしている」と言わなければならない。

□2　日本にはだれかがくしゃみをしたときに言う「Bless you」に当たる表現はない。

□3　昔、日本ではくしゃみをすると悪いことが起こると信じられていた。

□4　昔だけでなく今でも沖縄では、くしゃみをすると悪いことが起こる。

□5　この先生も最近まで、沖縄のくしゃみについての習慣を知らなかった。

問題 次の文章を読んで、後の問いに答えなさい。(答えは別冊 p.5)

「①日本人はだれかがくしゃみをしても、何も言わないんですか。」

もし、こんな質問を教室でされていたら、なんと答えていただろう。そういう習慣はありませんね、と簡単に答えてしまっていただろう。つまり、英語の "Bless you!" に当たるようなものがないのか、という質問だ。日本にもちゃんとそういう習慣が過去にあり、さらに現在でも沖縄に残っていることを知ったのは、つい最近のことだ。

沖縄では子どもがくしゃみをすると、そばにいる人が「クスクェー」と言うらしい。言わないと子どもが幽霊に連れていかれるという言い伝え(注1)によるものだそうだ。調べてみると、『徒然草』という有名な書物（1330年頃）にも、くしゃみが出たときに「くさめくさめ」と唱えない(注2)と死んでしまうという記述があることがわかった。

日本人であり、日本語を外国人に教える自分が、沖縄の言葉も知らず、日本語の古語も知らないことを恥ずかしく思った。②日本人の日本語知らずには要注意だ。

（注１）言い伝え：a tradition　传说　구전되어 오는 것　　（注２）唱える：to chant　大声说　주문을 읊다

問１　下線部①の質問に関して、正しいものはどれか。

1　これは、外国人が日本人によくする質問の一つである。
2　これは筆者が、日本語学校の教室でされた質問である。
3　これに対して、筆者は「そういう習慣はない」と答えた。
4　筆者は、教室でこのような質問をまだされたことがない。

問２　この文章の内容と合うものはどれか。

1　沖縄では英語が話されていたので、英語と同じような表現がある。
2　沖縄の言葉を調べれば、14世紀ごろの古い日本語がよくわかる。
3　「くさめくさめ」「クスクェー」は英語の "Bless you!" にあたる表現である。
4　昔、日本人は病気や災害に合うと「くさめくさめ」と唱えて祈った。

問３　筆者はどんな気持ちで下線部②のように言ったのか。

1　日本人だからといって日本語をよく知っているとはかぎらない。
2　日本人でなければ日本語のニュアンスはなかなか理解できない。
3　古語や方言を知らずに日本語を教えることは不可能である。
4　日本人は実は日本語を知らないので注意が必要である。

(左ページの答え→３・５)

第四週

第4週　エッセイや小説を読もう

3日目　エッセイ③

Essays ③
散文③
수필③

✿二重否定に注意！

Be careful with the double negative sentences!
注意双重否定的用法！　이중부정에 주의！

例えばこんな表現があります。

- ～しないことはない　（＝～することがある／必ず～する）
- ～ないとは言えない　（＝～かもしれない）
- ～ないわけにはいかない
- ～ざるをえない　（＝ どうしても～しなければならない）
- ～ずにはいられない　（＝どうしても～してしまう）

★二重に否定するということは肯定になります。
A double negative makes a positive.
双重否定时就是肯定的意思。　이중으로 부정하는 것은 긍정의 뜻이 됩니다.

練習　次の会話文を読んで、後の文から正しいものを選ぼう。（答えは次のページ）

店員：1円玉、たまってきたのでそこの銀行で両替してきましょうか。
店長：あ、両替ねえ。手数料(注1)がかかるからやめようよ。1円玉100枚を両替する場合は確か200円払わないといけないんだよ。
店員：え？　手数料のほうが高くつくっていうことですか。そんなばかな……。
店長：そうだよ、振り込み(注2)手数料もどんどん上がるし……、そのうち、そこの銀行も口座(注3)の管理料を取るかもしれないね。実際そういう銀行、あるし。
店員：えー？　お金を預けておくだけで、増えるどころか減っていくんですか！

（注1）手数料：a commission　手续费　수수료
（注2）振り込み：a transfer　汇入　납부 혹은 입금
（注3）口座：a bank account　帐户　계좌

□1　店長は両替することに反対している。
□2　1円玉を両替するのは手続きが面倒である。
□3　毎回、両替額より手数料のほうが高くつく。
□4　銀行にお金を預けておいても減っていく場合がある。
□5　店長は近くの銀行に口座管理料を支払っている。

 次の文章を読んで、後の問いに答えなさい。（答えは別冊 p.5）

先日、テレビショッピング（注1）で買ったものの代金を振り込むために銀行へ行った。３万円を振り込んだのだが、手数料が840円かかった。高い。ここのところ*、銀行のいろいろな手数料は、気がつかないうちにどんどん高くなっている。両替をしても、ある枚数以上は手数料を取られる。両替額より手数料のほうが高いという場合も起きるのだ。払いたくないが、払わないわけにはいかない。

以前は、振り込みをする場合は、同じ銀行間においては無料だった。今は同じ支店間であっても手数料がかかる場合がある。最近では、口座を持つだけでその管理料を取る銀行もあると聞く。海外の銀行ではよくあるらしいが、私が利用している銀行も将来管理料を払うことになるのかもしれない。そうなると、気がついたら自分の口座の残高（注2）が０（ゼロ）になっているということもありえる**だろう。冗談ではなく、現在の私の通帳の残高では、①そうならないとは言えないのだ。

金利（注3）が低いというより、ほとんどないと言ってもいいくらいの現在、手数料はともかく、（　②　）。

（注１）テレビショッピング：TV shopping　电视购物　홈쇼핑
（注２）残高：a bank balance　余额　잔고
（注３）金利：an interest rate　利率　금리

問1　①そうならないとは言えないとあるが、最も近い意味はどれか。

1　必ずそうなる
2　そうなるかもしれない
3　そうなるかどうかわからない
4　絶対にそうならない

問2　（　②　）の中に入る最も適当なものはどれか。

1　口座を持ちたくないものである
2　管理料まで払いたくないものである
3　通帳の残高を知りたくないものである
4　振り込みはしたくないものである

*　recently　最近　요즘　　　**is possible　有可能　있을 수 있다

（左ページの答え→１・４）

第四週

第4週　エッセイや小説を読もう

4日目　エッセイ④

Essays ④
散文 ④
수필 ④

✿カタカナで書かれた言葉に注意！② — 日本語の場合

Pay attention to "*katakana*" words! ②
— These words are of Japanese origin
注意片假名标写的词汇！② — 日语的事例
가타카나로 쓰여진 단어에 주의！② — 일본어의 경우

例えばこんな表現があります。

◆ワンワン　◆トントン　◆ツルツル　など	＊音や様子から作られた
◆ゴミ　◆バカ　◆コメ　など	＊文章で効果を出すために
◆バラ　◆ウサギ　◆マンガ　◆ハチ　など	＊漢字が難しいなどの理由で習慣的に

★カタカナは外来語とは限りません。日本語である場合も多いです。

Katakana words do not necessarily have a foreign origin. There are many of Japanese origin.
片假名并不一定都是外来语，也有许多是日语。
가타카나로 쓰여진 단어가 반드시 외래어라고 할 수 없습니다. 일본어인 경우도 많습니다.

練習　次の会話文を読んで、後の文から正しいものを選ぼう。（答えは次のページ）

A：いつも通る道の、ほらベンチがあるところ、なんだかゴミだらけ(注1)だと思わない？　うちの学校の子なんかも、そこでよくおしゃべりしているんだけど、食べたもののゴミとかをそのままにしていくから……。

B：みんな、ベンチの下や木の周りに捨てていくんだよね。ね、うちのクラブでゴミ箱作ってそこへ置くっていうのはどう？　美術部(注2)に絵をかいてもらってさ。

A：あ、それいいかも。

（注１）～だらけ：full of ...　满是～　～투성이
（注２）美術部：art club　美术部　미술부

□１　AさんとBさんは同じクラブのメンバーである。
□２　Bさんは美術部のメンバーである。
□３　学校のベンチの周りは、ゴミでいっぱいである。
□４　Aさんたちは自分たちでゴミ箱を作るつもりである。
□５　ベンチにかく絵を美術部に頼む予定である。

問題 次の文章を読んで、後の問いに答えなさい。(答えは別冊 p.5)

手作り(注1)のゴミ箱

駅に行く道の歩道にベンチがひとつあります。すぐそばには木が数本植えられていて、お年寄りがひと休みするのにちょうどいい場所です。学校帰りの高校生もよく座っておしゃべりをしています。

以前は、その高校生たちが残していったものらしく*、ベンチの周りにはジュースの空き缶や弁当の空き箱などのゴミが散らかっていて、あまり気持ちのいい場所とは言えませんでした。けれども、いつだったか、木で作ったゴミ箱が置かれました。4個、それぞれペンキでいろいろな色に塗られ、「燃えるゴミ」「燃えないゴミ」「空きカン」「空きビン」という文字が書かれ、かわいい絵もついていました。缶でできた吸いがら(注2)入れもありました。

そのゴミ箱が置かれてからは、①前よりも人が集まってきています。そこに座っていた人たちの話では、近くの高校の生徒たちが作ったということです。最近の高校生の態度が悪いのにはあきれていたのですが、②そんな高校生ばかりではないとわかり、本当に心が温まりました。

(注1) 手作り：hand-made　手工制作　수제품

(注2) 吸いがら：a cigarette butt　烟蒂　담배꽁초

問1 ①前よりも人が集まってきていますとあるが、なぜ前よりも人が集まってくるのか。

1 ゴミを捨てるため。

2 清潔で気持ちのいい場所になったから。

3 高校生たちの態度が良くなったから。

4 タバコを吸う場所ができたから。

問2 ②そんな高校生とは、どんな高校生のことを言っているのか。

1 ゴミ箱を作った生徒たち

2 学校帰りにベンチに座っておしゃべりをする生徒たち

3 心がやさしい生徒たち

4 態度が悪い生徒たち

* apparently there was stuff left behind by the high school students
好像是那些高中生们乱丢的东西　그 고등학생들이 남겨 놓은 것 같은

(左ページの答え→1・4)

第四週

第4週　エッセイや小説を読もう

5日目　小説①

Novels ①
小说 ①
소설 ①

✿指示語に注意！②
― 指示語の内容が後に来るものに注意！

Pay attention to demonstratives! ② — especially those which refer to subjects that are subsequently introduced
注意指示代词！ ② — 注意指示代词所指的内容可能出现在后面！
지시어에 주의 ! ② — 지시어가 가리키는 내용이 뒷 부분에 나오는 것에 주의 !

例えばこんな場合があります。

「この人を知りませんか。」
僕はいきなり、女性の写真を目の前に突きつけられた。
「私はこういう者です。」そう言うと男は警察手帳を見せた。
刑事だった。

練習　次の会話文を読んで、後の文から正しいものを選ぼう。（答えは次のページ）

宣教師（注1）：お嬢さんはおいくつですか？
少女　：あたし？　あたしは来年12。
宣教師：きょうはどちらへいらっしゃるのですか？
少女　：きょう？　きょうはもう家へ帰るところなの。
宣教師：きょうは何日だかご存知ですか？
少女　：12月25日でしょう。
宣教師：ええ、12月25日です。12月25日は何の日ですか？　お嬢さん、あなたはご存知ですか？
少女　：ええ、それは知っているわ。
宣教師：ではきょうは何の日ですか？　ご存知ならば言ってごらんなさい（注2）。
少女　：きょうはあたしのお誕生日。

（芥川龍之介『少年』〈会話部分のみ抜粋〉）

（注1）宣教師：a priest　传教士　선교사
（注2）言ってごらんなさい：言ってみなさい

□1　宣教師と少女はとても親しい。
□2　少女はこれから教会へ行く。
□3　今日はクリスマスである。
□4　少女は今日が何日か知らなかった。
□5　宣教師は少女とクリスマスについて話したかった。

問題 次の文章を読んで、後の問いに答えなさい。(答えは別冊 p.5)

昨年のクリスマスの午後、堀川保吉は須田町の角から新橋行きの乗り合い自動車(注1)に乗った。彼の席だけはあったものの、自動車の中は相変わらず身動きさえ出来ぬ満員(注2)である。(中略)

「お嬢さん。ここへおかけなさい。」

宣教師は太い腰を起した。(中略)

「ありがとう。」

少女は宣教師と入れ違いに保吉の隣りへ腰をかけた。(中略、左ページの会話に続く)

「きょうはあなたのお誕生日！」

宣教師は突然笑い出した。(中略)

「お嬢さん。あなたは好い日にお生まれなさいましたね。きょうはこの上もないお誕生日です。世界中のお祝いするお誕生日です。あなたは今に、── あなたの大人になった時にはですね、あなたはきっと……」

宣教師は言葉につかえたまま(注3)、自動車の中を見回した。同時に保吉と眼を合わせた。宣教師の眼はパンス・ネエ(注4)の奥に笑い涙をかがやかせている。保吉はその幸福に満ちた鼠色の眼の中にあらゆるクリスマスの美しさを感じた*。(中略)

「あなたはきっと賢い奥さんに ── 優しいお母さんにおなりなさるでしょう。ではお嬢さん、さようなら。わたしの降りる所へ来ましたから。では ── 」

(芥川龍之介『少年』)

(注1) 乗り合い自動車：バス　(注2) 身動きさえ出来ぬ満員：動けないくらい満員
(注3) 言葉につかえたまま：trying to think of the proper word　一时语塞　말이 막힌 채
(注4) パンス・ネエ：鼻眼鏡 (pince-nez フランス語)

問1 ここの指すものはどれか。

1 少女と保吉の間の席
2 ひとつだけあった保吉の席
3 保吉と宣教師の間の席
4 保吉の隣りの、宣教師の席

問2 保吉の気持ちとして考えられるものはどれか。

1 クリスマスだと答えなかった少女はあまり賢くない。
2 期待した答えがもらえなかった宣教師が気の毒だ。
3 少女の意外な答えに感動した宣教師は幸福そうで美しい。
4 キリスト教を広めるために少女に話しかけた宣教師は嫌だ。

* Yasukichi found all the beauty of Christmas in his (priest's) happiness filled grey eyes.
保吉从他那充满幸福的灰色眼睛里，感受到了圣诞节所有的美。
야스키치(保吉)는, 행복이 넘치는 그 사람의 회색 눈동자에서 모든 크리스마스의 아름다움을 느꼈다.

(左ページの答え→ 3・5)

第四週

第4週　エッセイや小説を読もう

6日目　小説②

Novels ②
小说 ②
소설 ②

✿情景や登場人物の様子、気持ちを読み取ろう

Try to comprehend the scenes, the characters' states and their feelings!
阅读并领会情景及出场人物的表情行动和心情
배경이나 등장 인물의 모습, 마음 상태를 읽고 이해해 봅시다

例えばこんなふうに気持ちを読み取ります。

先生は意外なように（質問に答えない）カムパネルラを見ていました。
…先生はカムパネルラが答えられると思っているから「意外」。

もじもじ立ち上がったままやはり答えができませんでした。
……したいことがはっきりできないときに「もじもじ」する。

ジョバンニはまっ赤になってうなずきました。
…恥ずかしいときや怒ったときに「真っ赤に」なる。

あの、ぼく…
←真っ赤になっている
→もじもじしている

練習　次の会話文を読んで、後の文から正しいものを選ぼう。（答えは次のページ）

娘：お母さん、「銀河(注1)鉄道の夜」って読んだことある？
母：宮沢賢治(注2)の？　あるよ。なんで？
娘：今日学校で借りて読んだんだけど、カンパネルラ(注3)って最後、死んじゃったの？
母：そうだよ。主人公の友だちでしょ？　かわいそうだよね。賢くていい子なのに。
娘：そうそう。ジョバンニ、貧乏だからってみんなにいじめられてるんだよね。お父さんが漁から帰ってこなくて、お母さんも病気でかわいそうなのに。でもカンパネルラだけは優しくて、たった一人の友だちなのに、ひどい！

（注1）銀河：a galaxy　银河　은하계
（注2）宮沢賢治：日本の有名な童話作家
（注3）カンパネルラ：カムパネルラ

□1　娘は「銀河鉄道の夜」という本を読んだことがない。
□2　カンパネルラとジョバンニは本の中の登場人物である。
□3　カンパネルラはジョバンニの友だちである。
□4　ジョバンニは病気である。
□5　カンパネルラはひどい人だ。

問題 次の文章を読んで、後の問いに答えなさい。(答えは別冊 p.5)

「ではみなさんは、そういうふうに川だと言われたり、乳の流れたあとだと言われたりしていた、このぼんやりと白いものがほんとうは何かご承知ですか。」(中略)

カムパネルラが手をあげました。それから四、五人手をあげました。ジョバンニも①手をあげようとして、急いでそのままやめました。たしかにあれがみんな星だと、いつか雑誌で読んだのでしたが、このごろはジョバンニはまるで毎日教室でも眠く、本を読むひまも読む本もないので、なんだかどんなこともよくわからないという気持ちがするのでした。

ところが先生は早くもそれを見つけたのでした。

「ジョバンニさん。あなたはわかっているのでしょう。」

ジョバンニは勢いよく立ちあがりましたが、立ってみるともうはっきりとそれを答えることができないのでした。(中略) 先生がまた言いました。

「大きな望遠鏡で銀河をよっく調べると銀河はだいたい何でしょう。」

やっぱり星だとジョバンニは思いましたが、こんどもすぐに答えることができませんでした。

先生はしばらく困ったようすでしたが、眼をカムパネルラのほうへ向けて、

「ではカムパネルラさん。」と名指しました。

するとあんなに元気に手をあげたカムパネルラが、やはりもじもじ立ち上がったままやはり答えができませんでした。

先生は意外なようにしばらくじっとカムパネルラを見ていましたが、急いで、

「では、よし。」と言いながら、自分で星図を指しました。

「このぼんやりと白い銀河を大きないい望遠鏡で見ますと、もうたくさんの小さな星に見えるのです。ジョバンニさんそうでしょう。」

ジョバンニはまっ赤になってうなずきました。けれどもいつかジョバンニの眼のなかには②涙がいっぱいになりました。そうだ僕は知っていたのだ、もちろんカムパネルラも知っている、それはいつかカムパネルラのお父さんの博士のうちでカムパネルラといっしょに読んだ雑誌のなかにあったのだ。(中略) それをカムパネルラが忘れるはずもなかったのに、すぐに返事をしなかったのは、このごろぼくが、朝にも午後にも仕事がつらく、学校に出てももうみんなともはきはき遊ばず、カムパネルラともあんまり物を言わないようになったので、カムパネルラがそれを知って気の毒がってわざと返事をしなかったのだ、そう考えるとたまらないほど、自分もカムパネルラもあわれなような気がするのでした。

(宮沢賢治『銀河鉄道の夜』)

問1 ①手をあげようとして、急いでそのままやめましたとあるが、ジョバンニはなぜやめたのか。

1 急に眠くなってしまったから。
2 カンパネルラが手をあげていたから。
3 答えに自信がなくなったから。
4 見た雑誌が自分のものではなかったから。

問2 ②涙がいっぱいになりましたとあるが、なぜか。

1 答えがわかっていたのに先生の質問に答えられなくて悔しかったから。
2 自分のことも、自分を心配してくれるカンパネルラもかわいそうになったから。
3 仕事がきつくて学校に来ても勉強に集中できなくて悲しくなったから。
4 自分のことを先生も友達もだれもわかってくれないことがさびしかったから。

(左ページの答え→2・3)

第四週

第4週　エッセイや小説を読もう

7日目　実戦問題

Practice Exercise
实战问题
실전문제

制限時間：20分
問題1：1問15点×4問
問題2：1問20点×2問

点数
／100

（答えは別冊 p.5）

問題1　次の文章を読んで、後の問いに対する答えとして最もよいものを1・2・3・4から一つ選びなさい。

最近うれしかったのは、新幹線で隣に座ったのが四十代の男だったことだ。

わたしだって人並みに(注1)中年男は嫌いだ。以前は、隣に女が座ってくれることを希望していた。新幹線に乗るときは、たいてい仕事をしようと思っているから、気になるような女が隣に座ったら、仕事に身が入らない(注2)はずだ。いいかえれば、仕事をしなくてすむはずだ。だが実際には、①そういう希望が実現したことはほとんどない。

悪いことに、世の中には女以外の人間も存在しており、中にはわたしの甘い夢を打ち砕く(注3)ような人間もいる。一番多いのは、前後の席で騒ぐ子どもである。子どもの声は大きいのは分かる。生物学的にいっても、万一の場合に親の注意を引くような声を出す必要があるのだ。だが、隣に親がいるのになぜ大きい声を出す必要があるのか（本当の親ではないのか？）。周りの乗客に迷惑をかけるために大きい声をもっているとしか思えない。子どもが近くにいるときは、まず仕事にならない。何よりも、ぐっすり眠れない。

そういう経験が何回も重なり、わたしは②喫煙車両(注4)に座ることにした。子どもは少ないから最悪の事態は避けられる……はずだった。

最初に喫煙車両に乗ったとき、どこかの体育会系(注5)の大学生の団体が周りを取り囲むようにすわり、子ども以上に大きい声で騒ぎまくった。

次に乗ったときは、高齢の男が隣に座った。老人なら騒ぐ元気もあるまいと思ったが、老人は隣に座るなり、降りるまでの数時間、途切れることなく(注6)激しい咳をし続けた。風邪なのか、肺ガン(注7)なのか知らないが、今にも倒れそうで気が気でなく(注8)、仕事どころではなかった。

この経験の後、わたしは甘い希望を捨てた。考えてみれば、周りに暴力団(注9)の団体が陣取る(注10)可能性もあるのだ。そういう事態に比べれば、③中年男は歓迎すべき隣人だ。中年男でよかった。到着までの四時間、④ぐっすり眠ることができた。

（土屋賢二『ツチヤ学部長の弁明』講談社）

（注1）人並みに：普通の人と同じように
（注2）身が入らない：集中できない
（注3）打ち砕く：たたいて壊す

（注４）喫煙車両：タバコを吸うことができる電車の車両
（注５）体育会系：スポーツのクラブに入っているような強そうな感じ
（注６）途切れることなく：途中で終わらないで、続いて
（注７）肺ガン：病気の名前
（注８）気が気でなく：とても心配で
（注９）暴力団：暴力によって目的を達しようとする団体
（注10）陣取る：（この場合）座る

1 ①そういう希望とはどういう希望か。

1　隣に中年男が座ってほしい。

2　隣に女が座ってほしい。

3　騒ぐ子どもに座ってほしくない。

4　隣にだれも座ってほしくない。

2 なぜ②喫煙車両に座ることにしたのか。

1　タバコを吸うつもりだから。

2　気になる女が隣に座るかもしれないから。

3　喫煙車両のほうが筆者の年齢に近い人が多いから。

4　禁煙車両は子どもがうるさいから。

3 なぜ③中年男は歓迎すべき隣人だと思ったのか。

1　暴力団である可能性が少ないから。

2　騒がないで静かにしているから。

3　老人よりも健康だから。

4　いい人が多く仲良くできるから。

4 筆者は④ぐっすり眠ることができたことについてどう思っているか。

1　静かだったので眠ることができてよかった。

2　うるさかったが眠ることができてよかった。

3　眠ることができたが中年男はやっぱりいやだ。

4　眠ることができたがもう少し静かにしてほしかった。

問題２　ＡとＢの両方を読んで、後の問いに対する答えとして、最もよいものを１・２・３・４から一つ選びなさい。

A

百貨店へのラブコール

ある日曜日、安いブランドのいわゆるファストファッションの店に行った。開店すぐの時間だったのに駐車場はいっぱいで止められず帰宅した。次の日曜日、やはり開店すぐにもう一度行ってみた。車はなんとか止められたが、店内はものすごい混雑で、買いたかったものを一枚手に取るまでに疲れ果ててしまった。何か変だ。この人たちは本当に必要で買っているのだろうか。以来、私はその店に行かなくなった。

この不況下で安いファストファッションブランドに人気が集中し、百貨店は次々と消えている。私もデパートに対して、高くてちょっと古臭くて、商品を手に取りにくい、という印象を抱いていたのだが、最近はデパートが恋しくなっている。特にゆったりとした空間のあるリッチなデパートに行くと、落ち着くし、買えない物が並んでいても、見て回るだけで楽しめる。なんとか、デパートに元気に生き残ってほしいものだ。

B

ファストファッション

ファストファッションがこの不況下で消費者の心をつかんでいる。低価格で機能性にもすぐれ、おしゃれで気軽に使えるのが人気の理由だ。国内のブランドが海外に進出し、また海外のブランドも次々と入ってきている。また、店は大型店だけでなく、今ではデパートの中にまで進出している。

さて、このファストファッション熱はいつまで続くのだろうか。だれもが同じような価値観を持ってはいない。実際、私が仕事着にしたいと思うような機能やデザイン、品質をあわせ持ち、このぐらいなら払ってもいいと思える価格の服はなかなか見当たらない。年代に応じて、あるいは時と場所、場合に応じて、さまざまな価値のある商品が求められるはずだ。そろそろ別の切り口のブランドを考えていかないと消費者に飽きられてしまうのではないだろうか。

5　AとBに共通する内容はどれか。

1　百貨店にもファストファッションの店にもそれぞれ良さがある。
2　ファストファッションの人気が続くと百貨店が消えてしまう。
3　生き残っている百貨店にはファストファッションの店がある。
4　ファストファッションの人気が続くことに疑問を持っている。

6　正しいものはどれか。

1　AもBもファストファッションの人気が不況と関係があると思っている。
2　AもBもファストファッションと百貨店は正反対の価値があると思っている。
3　Aは客の立場から、Bは店の立場から意見を書いている。
4　Aはファストファッションに否定的だが、Bは好意的だ。

「統合問題」に慣れよう！①

新しい日本語能力試験（N２）では、２～３の文章を読み比べる問題が出題されます。

共通する点や異なる点を比べたり、情報を総合的に理解して問題を解きます。

統合問題のポイント①

物やできごとに関する解説や、
何かのやり方を説明している文の比較の場合……

情報の違いに注意！

★同じことを説明していても、記事によって取り上げる内容は違います。
次の内容に注意して読みましょう。

・共通して取り上げている内容
・一方だけが取り上げている内容
・説明や評価している人の意見が入っているかどうか
・意見や主観が入っている場合、違いがあるかどうか

Let's read the newspaper!

阅读报纸

신문을 읽어 봅시다

第5週　新聞を読もう

1日目　見出し①

Headlines ①
标题 ①
표제어 ①

✿見出しから文を作って理解しよう

Make a sentence from the headline that demonstrates the main point!
利用标题词汇造完整的句子有助于理解
표제어를 보고 , 문장을 만들어 이해해 봅시다

例えばこんなふうに見出しを文にします。

A鉄道新線 2030年に延期
収益悪化のため

◆ A鉄道は新線の開通を、収益悪化のため2030年に延期した。

"A" Railway decided to postpone the opening of the new line till 2030 due to lack of revenue.
A 铁道公司由于收益恶化的影响，将开通新线的计划延期至 2030 年。
A 철도는 수익 악화로 인하여 , 새로운 선로 개통을 2030 년으로 연기했다 .

○○劇場　さよなら公演に 長蛇の列

◆ ○○劇場の最後の公演（を見たい人たちが）とても長い列を作って並んだ。

Those who wanted to see the last performance at ○○ Theater formed a long line.
一些想要一睹○○剧场最后公演的人们排起了长队。
○○극장의 마지막 공연을 보고자 하는 사람들이 , 아주 길게 줄을 섰다 .

見出しだけで新聞読めちゃうね。

裁判員裁判 判決　自宅放火被告に 懲役1年6ヵ月

◆ 裁判員裁判で、自宅に放火した被告に懲役１年６ヵ月の判決が出た。

At the jury trial, the defendant was sentenced to 18 months in prison for setting fire to his own home.
裁判员做出裁决，判处在自家放火的被告人一年零六个月的有期徒刑。
배심원 재판에서 , 자택에 방화한 피고에게 징역 1 년 6 개월의 판결이 났다 .

練習　次の会話文を読んで、後の文から正しいものを選ぼう。（答えは次のページ）

女：あ、あの人たちやっと帰れるのね。
男：え？　ああ、ずっと空港で寝袋にくるまって飛行機が飛ぶの待ってた人たちか。
女：1週間よ。気の毒に。でもしょうがないね、自然災害じゃ。
男：よかったよ、飛べるようになって。乗客だけじゃなくて、商品も足止め(注1)されていたからビジネスにも影響があっただろうし、航空業界の損失(注2)は2,000億円とか3,000億円とか、とにかく、すごい額らしいから。

（注１）足止め：being trapped 受困而原地不动 교통・유통이 정체됨　　（注２）損失：a loss 损失 손실

□1　空港で催し物があったので、観光客は出発を遅らせた。
□2　自然災害の影響で予定の飛行機に乗れない人たちがいた。
□3　乱れていた空のダイヤはまだもとに戻らない。
□4　この災害で観光客だけでなく輸出や輸入の商品も影響を受けた。
□5　この災害の影響でホテル業界は多額の利益を得た。

問題 次の新聞記事を読んで、後の問いに答えなさい。(答えは別冊 p.6)

A国 火山噴火(注1)「空の足」正常化

A国火山噴火による影響で、大混乱となっていた欧州の航空輸送網(注2)が22日中に正常化する見通しを発表した。15日に火山灰(注3)が拡散して(注4)以来、10万便以上が欠航、世界中で700万人以上が足止めされた。

航空業界の受けた損失は15億～25億ユーロに上るとみられ、観光業を含めるとさらに損失は拡大するとみられている*。

(注1)火山噴火：a volcanic eruption 火山喷发 화산 분화

(注2)航空輸送網：an air transportation network 航空运输网 항공 우송망

(注3)火山灰：volcanic ashes 火山灰 화산재

(注4)拡散する：to diffuse 扩散 확산되다

問1 「空の足」とは何か。

1 観光業 2 空港の構内 3 航空業界 4 飛行機の便

問2 この記事の内容と合っているものはどれか。

1 この災害による航空、観光業界の損失は25億ユーロにとどまった。

2 火山が噴火するといつも飛行機は飛べなくなる。

3 火山噴火の影響で観光客は欧州旅行を中止し、日本などアジアへ来た。

4 混乱から正常化まで1週間かかった。

* The financial damage to the airline industry may amount to between 15-25 billion euros, and more, if you include the tourist industry.
航空业蒙受的损失预计将超过 15 亿～25 亿欧元，若加上旅游业则损失会更大。
항공 업계가 입은 손실은 15 억～25 억 유로가 넘을 것이라고 추측되고 , 관광업을 포함하면 , 손실은 한층 더 확대될 것이라고 예상되고 있다 .

(左ページの答え→2・4)

2日目　見出し②

Headlines ②
标题 ②
표제어 ②

✿助詞に注意して文の意味を予想しよう

Let's guess the meaning of the sentences by paying attention to the particles!
注意助词的用法想想整句话的意思
조사에 주의하여 글의 의미를 예상해 봅시다

例えばこんなふうに助詞で終わる見出しも多いです。

製品事故 **安全基準見直しも**
◆安全基準の見直しも検討されている。
The revision of the safety standards is being discussed.
正在研究是否应重审安全标准。 안전 기준의 재검토도 고려되고 있다.

ABCカンパニー会長 退任へ
◆退任という方向へ動いている。
The general sentiment is leaning towards him resigning.
卸任的可能性越来越大。 퇴임하는 방향으로 움직이고 있다.

経済 ***他国よりも国内救済を***
◆他の国よりも国内経済の救済をすべきだ。
The domestic economy should be saved rather than those of other countries.
与其援助其他国家更应救助本国国内经济。
다른 나라보다도 국내 경제를 구제해야만 한다.

練習 次の会話文を読んで、後の文から正しいものを選ぼう。（答えは次のページ）

客　：あら、もうお中元の商品が並んでるのね。
店員：いらっしゃいませ。今年は「エコ」をテーマに当店でしかお求めになれないギフトをご用意させていただいております。ぜひ、ご利用くださいませ。
客　：エコだなんて、安いものという感じがしない？ 贈り物としてどうかしら……。
店員：エコと申しますのは、環境に配慮し(注1)、また産地や素材(注2)、製法などが特別なもの、という意味でございますので、手間をかけた(注3)当店自慢の商品でもございまして、贈り主様の意識の高さが相手様に伝わることと存じます。

（注１）配慮する：to give some considerations　考虑　배려하다　（注２）素材：materials/ingredients　材料　소재
（注３）手間をかける：to spend more time and effort　精心制作　시간, 노력, 수고를 들이다

□1　エコというのはエコノミー、すなわち経済的だという意味だ。
□2　エコというのは環境に配慮するという意味だ。
□3　エコをテーマにした商品はどこでも買うことができる。
□4　この店では今年は「エコ」をテーマにしたギフトを用意している。
□5　この店では素材や製法にかかる費用をおさえて商品を買いやすい値段にしている。

問題 次の新聞記事を読んで、後の問いに答えなさい。（答えは別冊 p.6）

お中元もエコを主力に

有機農法飲料など続々と

お中元商戦を目前に、百貨店の○○と△△は目玉商品を公開した。

両百貨店とも、「エコ」をテーマに商品を並べ、産地や素材へのこだわり(注1)を強調している。

○○百貨店はお中元用商品2500品から主力商品として25品を選び、展示した。

有機農法(注2)によるジュース、レストランなどで余った食材をエサとして飼育した豚の肉などもあった。△△百貨店でも地下入り口に10品並べ、「人と地球にやさしいグリーンギフト」として農薬を減らして栽培した(注3)野菜の冷製スープなどの商品を主力としている。

両百貨店とも「ほかでは買えない」ものを演出し、客に財布のひもをゆるめてもらうのがねらいだ*。

（注１）こだわり：particular preferences　讲究　세심하게 주의를 기울여 일에 몰두함

（注２）有機農法：organic farming　有机农业　유기 농법　　（注３）栽培する：to grow　栽培　재배하다

問１　文中で目玉商品と同じ意味で使われている言葉はどれか。

1　中元用商品　　2　エコ商品　　3　ギフト商品　　4　主力商品

問２　この記事の内容と合っているものはどれか。

1　どちらの百貨店も客が買いやすいような値段設定にしている。

2　どちらの百貨店も環境に配慮した商品に注目している。

3　どちらの百貨店も同じような商品を並べて商戦に臨んでいる。

4　一方の百貨店では品数を多くし、他方では品数を少なくして商戦に臨んでいる。

* They aim to get customers to loosen their wallets.　最终目的都是让顾客掏出钱包。　손님이 돈을 쓰도록 하는 것이 목적이다.

（左ページの答え→２・４）

3日目　記事

Articles
报导
기사

✿事件や事故の記事に慣れよう

Try to familiarize yourself with articles dealing with crimes and accidents!
习惯事件或事故的报导文章　사건이나 사고 기사에 익숙해집시다

> **大麻譲渡容疑で男ら逮捕**
> **女子中学生が所持**
>
> ○市の市立中学生3年の女子生徒（14）が大麻を所持したとして逮捕された事件で、この生徒に大麻を渡したとして○市の男二人が大麻取り扱い法違反の疑いで逮捕されていたことがわかった。逮捕されたのは18歳の少年と21歳の男で、いずれも大麻所持を認めているという。

事件や事故の記事は、ほぼ同じ表現が使われます。

例えばこんな表現がよく出てきます。

大麻　marijuana 大麻 대마초	譲渡　a transfer 转让 양보	所持　possession 持有 소지	認めている　to admit 承认 시인하고 있다
違反　violation of laws 违犯 위반	容疑　suspicion 嫌疑 용의	逮捕　an arrest 逮捕 체포	ひき逃げ　a hit and run 驾车撞人逃逸 (자동차 등이) 사람을 치고 도망감
通報　a report 报警 통보	罰則　penal regulations 处罚条例 벌칙		飲酒運転　drunken driving 酒后驾驶 음주 운전

練習　次の会話文を読んで、後の文から正しいものを選ぼう。（答えは次のページ）

《Aさんは新聞を見ながらBさんと話しています。》

A：またひき逃げだって。多いね。

B：どうして逃げるのかな。すぐに通報すれば、助かったかもしれないのに。

A：怖くなって逃げるとか、もしかしたら、飲酒運転していたかもしれないね。

B：ああ、飲酒運転の罰則が厳しいから、お酒を飲んでいたことがわからなくなるように逃げるんだよね。ひき逃げの罰則がまだまだ甘いんじゃないかな。

A：うん、幼児３人が亡くなる事件があってから、両方の罰則が厳しくなったんだよね。でも飲酒運転はずいぶん減ったのにひき逃げはあんまり減ってないんでしょ？　もっと厳しくしないと、なくならないんじゃないかな。

□1　Aさんは飲酒運転による交通事故の記事を読んでいる。
□2　Aさんはひき逃げで幼児３人が死亡した記事を読んでいる。
□3　Bさんはひき逃げをする人の気持ちが理解できない。
□4　AさんとBさんは飲酒運転の罰則をもっと厳しくすべきだと言っている。
□5　AさんとBさんはひき逃げ事件の罰則をもっと厳しくすべきだと言っている。

問題 次の新聞記事を読んで、後の問いに答えなさい。（答えは別冊 p.6）

ひき逃げか　女性死亡
横浜・港北区

18日午後9時ごろ。横浜市港北区〇〇町のJR横浜線の踏切近くの市道で、女性が血を流し、うつぶせ（注1）で倒れているのを近くに住む男性が見つけ一一〇番通報した。女性は病院に運ばれたが間もなく死亡が確認された。

付近の路面に約一七〇メートルにわたって引きずられたような跡や血痕（注2）が残っていたことから、港北署ではひき逃げ事件とみて捜査している。

また、女性は60代ぐらいとみられ、身元（注3）や死因の特定を急いでいる*。

（注１）うつぶせ：lying on one's stomach　俯卧　엎드린 채로

（注２）血痕：血のあと

（注３）身元：one's identity　身份　신원

問１　警察がひき逃げ事件と考えているのはなぜか。

1　道路にひき逃げされたと思われるような跡があったから。
2　飲酒運転によるひき逃げ事件が多発しているから。
3　女性が血を流し、うつぶせで倒れていたから。
4　女性が道路をわたって引きずられたから。

問２　この記事の内容と合っているものはどれか。

1　飲酒運転をしていた人が女性を引いたとみられる。
2　ひき逃げされたとみられる女性はまだ身元が不明である。
3　踏切事故にあった女性は病院に運ばれたが助からなかった。
4　女性をひいた車を運転していた男性が警察に通報した。

* They are trying to identify the victim and the cause of her death
正在紧急确认身份及死亡原因　신원이나 사망 원인을 밝히기 위해 서두르고 있다

（左ページの答え→３・５）

第五週

第5週　新聞を読もう

4日目　グラフ①

Graphs ①
图表 ①
그래프 ①

✿グラフの違いを見つけよう

Let's compare and analyze the graphs!
找出图表的不同之处　그래프의 차이를 찾아 봅시다

比べてどこが違うか考えましょう。

A　B　C

Bが最も高い
Aが最も低い

Aが最も高い
Bが最も低い

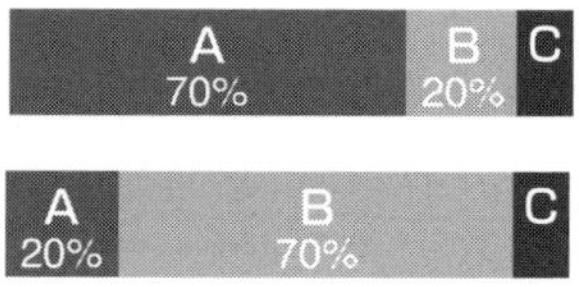

A 70%　B 20%　C　Aが7割、Bが2割

A 20%　B 70%　C　Aが2割、Bが7割

★グラフが2つ以上あるときはどこが違うかよく見比べてみましょう。

When there are multiple graphs, have a close look at what the differences are.
复数图表出现时，请注意比较有哪些地方不同。
그래프가 두 개 이상 있을 때는 어디가 다른지를 충분히 비교해 봅시다.

練習　次の会話文を読んで、後の文から正しいものを選ぼう。（答えは次のページ）

母親：また、違う時計しているのね。一体いくつもってるの？
息子：5つくらいあるけど、お気に入りは3つくらいかな。仕事用、おしゃれ用、遊び用……。あれ、そういえば、母さんは時計していないの？
母親：最近、携帯電話で見るから。要らないの。
息子：へえ、若い子みたいだね。
母親：でも、携帯って面倒なのよね、意外と。落としたり、忘れたり。だから、携帯電話が時計みたいに腕につけられるといいんだけど。
息子：それなら、時計に通信機能がつけばいいわけだよね。そういうのあるらしいよ。
母親：まあ、便利ね。だったら、ついでに万歩計(注)とか健康診断の機能もつけてほしいわ。

（注）万歩計：a pedometer　计步器　만보계

□1　息子は腕時計が好きだ。
□2　母親は腕時計が面倒だから使わない。
□3　息子の時計には通信機能がついている。
□4　母親は携帯電話を時計代わりにしている。
□5　現在、時計に通信機能がついているものはない。

問題 次の記事を読んで、後の問いに答えなさい。(答えは別冊 p.6)

腕時計に付加機能(注1)　７割が「不要」

時計メーカーが実施した調査で、腕時計に付加機能はいらないと答えた人が７割もいたことがわかった。「機能が増えると操作が複雑になる」「デザイン性が損なわれる(注2)」という理由からのようだ。IT 分野から次世代型機器として腕時計型のパソコンなどさまざまな製品の提案がされており、今後腕時計の IT 化、多機能化が進むと思われている中での意外な調査結果だったが、50 代からは通信機能や健康診断機能、20 代からはデジカメ機能が少数ながら支持されている(注3)。金額やサイズの面で手軽な(注4)機器が出てくれば、支持はさらに広がるかもしれない。

(注１) 付加機能：an additional feature 附带功能 부가 기능　(注２) 損なわれる：to spoil 受损 기능이나 성질을 떨어뜨리다
(注３) 支持する：to support 受到欢迎 지지하다
(注４) 手軽な：handy and affordable 轻便合宜的 간편한 혹은 부담없는

第五週

問い この記事の内容と合うグラフはどれか。

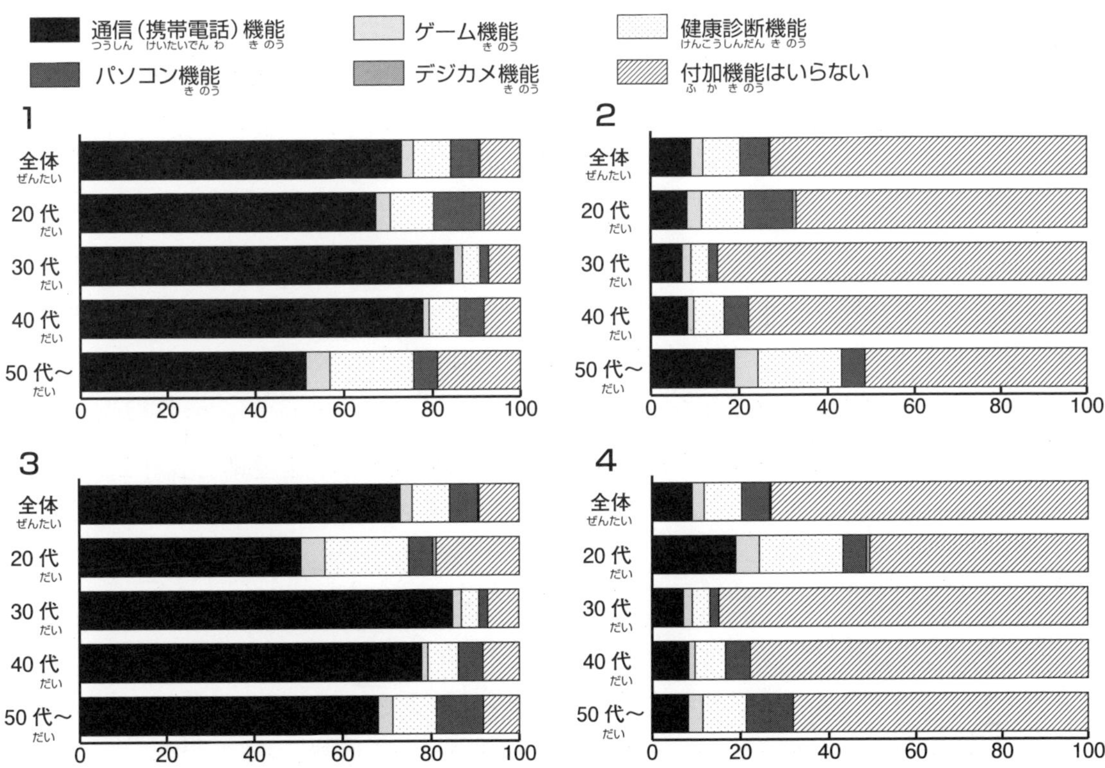

(資料：シチズン意識調査 http://www.citizen.co.jp/research/watch/20020813/09.html)

(左ページの答え→１・４)

第5週　新聞を読もう

5日目　グラフ②

Graphs ②
图表 ②
그래프 ②

✿グラフでよく使われる表現を覚えよう

Let's learn the expressions often used in graphs!
记住图表中常用的表达方式
그래프에 자주 사용되는 표현을 외워봅시다

例えばこんな表現がよく使われます。

表現	意味	表現	意味
◆～割（%）を占める	to make up ~% of 占～成（%）～할（%）을 차지한다	◆割合	a ratio　比率　비율
◆大半を占める	to occupy the majority 占了大半　대부분을 차지한다	◆○○率	rate　○○率　○○율 / 률
◆（～%／～円 など）に達する	comes to ... % / yen 达到（～%／～日元等）（～% / ～엔 등）에 이르다	◆総○数	gross number of ○ 总○数　총 ○수
◆AはBを上回る	A exceeds B A 超过 B　A는 B를 웃돌다	↔下回る	A falls short of B A 低于 B　A는 B를 밑돌다
◆わずかに／やや	slightly/somewhat　仅仅／稍微　겨우 / 조금		
◆はるかに／大きく	by far/a lot　远远地／大大地　훨씬 / 크게		

練習　次の会話文を読んで、後の文から正しいものを選ぼう。（答えは次のページ）

妻：え？　またライターの火事？　また、子どもたちが犠牲になったって。かわいそうに。親がよく管理しないとね、子どもがいじらないように。

夫：昔はこんなにライターの火事ってなかったような気がするな。車の中の火事か……。車の中は火の回りが速いし、今は燃えやすい素材が身の回りに多いんだろうなあ。

妻：簡単に火がつかないようなライターにすべきよね。

夫：そういう製品もあったんだけど、コストが高くつくし、使いにくくて売れなかったんだって。今また子どもが簡単に操作できないような安全基準を設けようという声が上がってるよ。

□1　子どもがライターをいじって起きる火事が続いている。

□2　車の中は物が燃えやすく、火が広がりやすい。

□3　昔に比べて今は、車の中にライターを置く人が多い。

□4　子どもが簡単に使えないようなライターが値上がりしている。

□5　子どもが簡単に操作できない安全基準が設けられた。

 次のグラフと表を見て、後の問いに答えなさい。（答えは別冊 p.6）

[図] 火遊びによる火災のうち発火源（注１）がライターであるものの占める割合 *

（平成 11 ～ 20 年 全国（全年齢））

その他 14,948 件（47%）

発火源がライター 17,160 件（53%）

[表] 火遊びによる火災のうち発火源がライターの火災の死傷者（注２）発生率

（平成 16 ～ 20 年 政令指定都市（12 歳以下））

行為者（注３）の年齢	件数［件］	総件数（全年齢）に占める割合	死者数［人］	負傷者（注４）数［人］	死傷者の発生率 ※2
５歳未満	107	8.1%	1	73	69.2%
５歳以上 12歳以下	419	31.8%	7	72	18.9%
合計	526 ※1	39.9%	8	145	29.1%

※１　全年齢での総件数は 1,319 件

※２　「死傷者の発生率」＝（死者数＋負傷者数）÷ 件数 × 100

（資料：消費者庁「子供のライターの使用に関する注意喚起について」）

（注１）発火源：the cause of the fire　火源　화재 발생 원인

（注２）死傷者：casualties　死伤者　사상자

（注３）行為者：a doer　肇事者　행위자

（注４）負傷者：an injured person　伤者　부상자

問い　グラフの説明として正しいものはどれか。

1　平成 16年から 20年にかけて政令指定都市では火遊びによる火災のうち発火源がライターであるものが約 1300 件発生し、その約４割が 12 歳以下によるものである。

2　平成 16年から 20年にかけて政令指定都市では火遊びによる火災のうち発火源がライターであるものの５歳未満の死傷者発生率は約半数を占めている。

3　平成 11年から 20年にかけて全国では火遊びによる火災のうち発火源がライターであるものは約７割を占めている。

4　平成 11年から 20年にかけて全国では火遊びによる火災のうち発火源がライターであるものはその他であるものをはるかに上回っている。

* The percentage of fires set with lighters while people are at play
因玩火引发的火灾中，火源是打火机的案件所占比率　불놀이로 인한 화재 중에 발화 원인이 라이터인 경우가 차지하는 비율

（左ページの答え→１・２）

6日目　書評（しょひょう）

Critiques
书评
서평

✿引用部分を表す「　」『　』に注意！

Pay attention to「　」『　』which indicate quotations!
注意表示引用部分的「　」『　』符号!
인용 부분을 나타내는「　」『　』에 주의!

「　」や『　』は…

◆「　」『　』の記号はほかの人の話し言葉や、文章や本のタイトルなどを引用するときに使います。強調したい言葉などにも使います。

「　」『　』are used to indicate what someone has said or what someone has written, or to quote the title of a book. They are also used to emphasize certain words.

「　」『　』符号在引用别人说的话或是文章内容及表示书名时使用，有时也用在特别想要强调的词汇上。

「　」『　』의 기호는 다른 사람이 한 말이나, 문장 혹은 책의 표제 등을 인용할 때 쓰입니다. 강조하고자 하는 말 등에도 쓰입니다.

ボクは『総まとめ』で勉強してるよ。
このページは「書評」っていうタイトルだよ！

練習　次の会話文を読んで、後の文から正しいものを選ぼう。（答えは次のページ）

女の人：土屋先生のエッセイ（注1）、読んだ？
男の人：土屋先生って、あの哲学の教授？
女の人：そう。あの先生、エッセイも書いているのよ。
男の人：ふーん。哲学の本じゃないんだ。
女の人：うん、でもね、「人間の定義（注2）」を書いているところなんて、笑っちゃうんだけど、読んでいくうちに、結局は哲学を考えさせられるっていう不思議なエッセイなの。でも、文章は難しくないから、すらすら読めて、楽しかったー。
男の人：へえ、読みたいな。貸してよ。

（注1）エッセイ：an essay　散文　수필　＊随筆。やわらかい文体で気軽に書いた文章。
（注2）定義：a definition　定义　정의

□1　女の人は哲学の本を読んでいる。
□2　土屋先生のエッセイはおもしろい。
□3　土屋先生のエッセイは不思議でわかりにくいところがある。
□4　女の人は土屋先生のエッセイを簡単に読めた。
□5　男の人は、哲学の本は読みたくない。

問題 次の文章は、ある本について書かれたものである。読んで、後の問いに答えなさい。

(答えは別冊 p.6)

本 『われ笑う、ゆえにわれあり』 土屋賢二 著

(文春文庫)

作者本人は本書を「ユーモアエッセイ」と称して(注1)いるが、ユーモアのつもりで読んでいると、いつの間にか鋭い社会批評であったり、冗談だと思えば哲学の問題であったりする。

その文章は非常に読みやすい。やさしい言葉や表現を用いているため、哲学の話と気がつかない場合がある。しかし、いつの間にか、本来難しいはずの論理を考えていたりするという①<u>不思議なエッセイ</u>である。

本書の「人間を定義するのは不可能である」という項目の中で、さまざまな例をあげながら「人間の定義」を論じて(注2)いるのだが、「我々がどこから見ても人間に見えるが犬から生まれた場合」や、「一生の間に1分間だけカエルになった場合」など、突拍子もない(注3)条件に笑いながら読み進んでいくと、「定義」とはどういうものかということが、ぼんやりとではあるが見えてくるのである*。(②)にもお勧め(注4)の一冊である。

(注1) 称する：to claim 称作 칭하다
(注2) 論じる：to deal with/discuss 论述 논하다
(注3) 突拍子もない：crazy and unrealistic 奇特 엉뚱하다
(注4) お勧め：recommended 推荐 추천

問1 なぜ①<u>不思議なエッセイ</u>なのか。

1 エッセイなのに哲学のことばかり書いてあるから。
2 やさしい言葉や表現を用いているから。
3 知らないうちに、哲学的なことを考えさせられるから。
4 理解しにくい冗談が多いから。

問2 (②)に入るものとして最も適当なものはどれか。

1 ユーモアには興味がないという若者
2 哲学には興味がないという若者
3 エッセイには興味がないという若者
4 条件には興味がないという若者

* You will gradually but vaguely understand what the definition means.
对如何理解"定义"这个问题，虽然有些模糊，但也会逐渐清晰起来。「정의」란 어떠한 것인가를 어렴풋하지만 알게 될 것이다.

(左ページの答え→ 2・4)

7日目　実戦問題

Practice Exercise
实战问题
실전문제

制限時間：20分
問題1～2：1問15点×4問
問題3：1問20点×2問

点数　／100

（答えは別冊 p.6）

問題1　次の記事はある写真展の紹介記事である。読んで、後の問いに対する答えとして最もよいものを1・2・3・4から一つ選びなさい。

> 現在、古川市美術館で震災(注1)後10年を記念した写真展が開かれている。カメラマン(注2)はプロではなく、一般の人たち。地震直後の町のようすを撮った写真約100点が展示されて(注3)いる。「この家は、亡くなった主人が好きだった家なんです。壊れたままの形でもいいから、とにかく写真に撮って残しておきたいと思って。そしたら、お隣の家も、その隣の家も残したいと思って、この辺りを夢中で撮りました。」と話すのは、60代の主婦の安川さん。復興(注4)が進み、新しい町並み(注5)が広がる古川。10年前、確かにここで起こった出来事が昨日のことのように思い出される。今月末まで開催されて(注6)いる。

（注1）震災：地震によって起こる災害
（注2）カメラマン：写真を撮る人
（注3）展示する：並べて多くの人に見せる
（注4）復興：再び盛んになること
（注5）町並み：町でいろいろな建物が並んでいるようす
（注6）開催する：行う、開く

1　ここで起こった出来事とは、どんな出来事か。

1　地震があったこと
2　安川さんの家が地震で壊れたこと
3　安川さんの夫が亡くなったこと
4　写真展を開いたこと

2　この文章の内容と合っているものはどれか。

1　安川さんは、地震が起きているときに写真を撮った。
2　安川さんは、地震から10年たった町の写真を撮った。
3　安川さんは、地震の直後の町を写真に撮った。
4　安川さんは、地震のあとプロのカメラマンになった。

問題2　次の新聞記事を読んで、後の問いに対する答えとして最もよいものを１・２・３・４から一つ選びなさい。

京都、人身事故(注1)で13万人影響　JR東海道線

― 裁判員も遅刻 ―

8日午前7時5分ごろ、京都府○町のJR東海道線◎駅付近の踏切で、女性が下り貨物列車にはねられ(注2)死亡した。JR西日本によると、上下線85本が運休、103本が遅れ、13万人に影響が出た。

神戸地裁で開かれた大麻取り扱い法違反などの罪に問われた被告(注3)の裁判員裁判に裁判員が遅刻。25分遅れて開廷(注4)した。

△署によると、死亡したのは70代ぐらいの女性で、身元確認を進めている。目撃者(注5)の話では、女性が自ら遮断棒(注6)を持ち上げて線路内に入った。

(注1) 人身事故：人がけがをしたり死んだりする事故
(注2) はねられる：ひかれる
(注3) 被告：悪いことをして裁判にかけられる人
(注4) 開廷：裁判が始まること
(注5) 目撃者：事件や事故を見た人
(注6) 遮断棒：電車が通る間、踏切に人や車が入らないようにするための棒

3　この記事からはっきりわかることはどれか。

1　事故で死亡した人は自殺だった。
2　人をはねた電車の乗客にけがはなかった。
3　事故による開廷の遅れは裁判に影響した。
4　死亡した人の身元はまだわかっていない。

4　この記事からわからないことはどれか。

1　裁判の終わった時刻
2　事故の起こった時刻
3　運休した電車の本数
4　亡くなった人の性別

問題３ 次のＡとＢは、それぞれ「おさかなポスト」についてかかれた記事である。ＡとＢの両方を読んで、後の問いに対する答えとして、最もよいものを１・２・３・４から一つ選びなさい。

Ａ

川崎「おさかなポスト」に捨て魚、年１万匹

自宅で飼えなくなった魚を引き取る川崎市多摩区の「おさかなポスト」に、年間約１万匹ものペットが捨てられている。外来魚(注１)が川に捨てられるのを防ぐポスト本来の目的は実現しつつあるが、「最後まで面倒を見るのが飼い主の責任なのに」と管理者は残念がっている。

ポストは縦約 60 センチ、横約 120 センチ、深さ約 100 センチの網のかごで、捨てられた魚は近くの小中学校や老人ホームなどに贈られる。

捨てられる魚は過去３年、年間約１万匹。飼えなくなった最近の理由は、「マンションからアパートに引っ越した」「えさ代が払えなくなった」など不況(注２)によるものが多いという。

Ｂ

多摩川の「タマゾン」対策に「おさかなポスト」

いま多摩川が「タマゾン」などと呼ばれている。これは、アマゾン川にすむようなピラニアやアロワナ、グッピー、エンゼルフィッシュといった様々な外来種が増えたため、もともといた魚が外来種に食べられて少なくなってしまったからである。

この「タマゾン」対策に、「おさかなポスト」というものが効果を上げている。このポストは 2005 年に設置されたが、そのきっかけは 2004 年の夏のこと。「世話をしないなら捨てなさい」と母親に叱られて泣きながら金魚を捨てに来た男の子に「川に捨てないで。ときどき会いに来なさい。」と言って金魚を預かったのが始まりで、「生き物の命を大切にすること」と「生態系を乱すのを防ぐこと」に役立っていると管理者は言う。

（注１）外来魚：日本にはいなかった外国の魚
（注２）不況：景気が悪いこと

5 両方の記事に書かれている内容はどれか。

1 おさかなポストが置かれるようになったきっかけ
2 おさかなポストを設置している目的
3 外来魚が川に捨てられると困る理由
4 おさかなポストに捨てられる魚の数

6 両方の記事から判断して「おさかなポスト」に関して管理者はどのように思っていると考えられるか。

1 おさかなポストに捨てられる魚の数が増えているので困っている。
2 ペットの外来魚は日本の川に捨てられると死んでしまうので捨てないでほしい。
3 近くの学校や老人ホームに贈ると喜ばれるのでもっと集めたい。
4 ペットの魚の命も、川にもともとすんでいる魚の命も大切にしてほしい。

「統合問題」に慣れよう！②

統合問題では、説明や解説文だけではなく、次のようなものも出題されます。

- ・相談に対するアドバイス
- ・同じ物や事に対する意見や評価
- ・複数の人の意見や感想

統合問題のポイント②

筆者の意見の入っている文を読むときは……

何が言いたいのかに注意！

★肯定しているのか否定しているのかを見分けましょう！

★意見や評価によく使われる表現に注意しましょう！

- ・意外と（⇒予想とは違う）
- ・いかがなものか（⇒いいと思わない）
- ・もう一つ／いま一つ（⇒あまりよくない）
- ・可もなく不可もなく（⇒良くも悪くもなく普通だ）
- ・～べきだ（⇒したほうがいい）

論説文を読もう

Let's read some editorials!

阅读议论文

논설문을 읽어 봅시다

第6週　論説文を読もう

1日目　言語に関する文章

Articles on Linguistics
语言类文章
언어에 관련된 문장

✿長い文章はスラッシュ（／）で分けて理解しよう

Try to understand a long sentence by splitting it into two with (／)!
将较长的文章用（／）符号分开后有助于理解
긴 문장은 빗금을 그어 나누면서 이해해 봅시다

例えばこんなふうに切ることができます。

最近の子どもたち**は**／兄弟も少なく、／両親とも働いている場合も多い**ので**、／昔に比べる**と**／家族間の会話もどんどん減ってきている**と**／言われている。

★特に主題（TOPIC）と文末に注意し、何がどうだと述べているか理解しましょう。

Pay attention to the main theme and the ending, and try to understand what is being said about what!
尤其要注意主题（TOPIC）及结尾，理解文章对某事是如何下结论的。
특히 주제와 글의 마지막 부분에 주의하여，무엇이 어떻게 됐다고 서술되어 있는가를 이해해 봅시다.

練習　次の会話文を読んで、後の文から正しいものを選ぼう。（答えは次のページ）

A先生：最近の生徒たちの会話、何を話しているのかよくわからないですよね。
B先生：本当に。インターネットの掲示板(注1)の書き込み(注2)なんか見ると、宇宙人の会話のようなものがありますよ。それにしても、今の若い人たちは新しい言葉を山のように作り出していますよね。
A先生：ええ、でも、どれだけそういう言葉が残っていくんでしょうか。たいていは消えていきますよね。
B先生：ええ、でもコンピューター用語(注3)なんかは、次々辞書に追加しなくてはいけなくて大変でしょうね。

（注1）掲示板：a bulletin board system (bbs)　布告栏　（전자）게시판
（注2）書き込み：posting　写入　쓰여진 글
（注3）用語：jargon　用语　용어

- □1　最近の生徒たちは難しい内容の会話をしている。
- □2　若い人たちは、掲示板などで新しい言葉を使って会話している。
- □3　A先生は生徒たちの会話がよくわからないが、B先生はよく理解している。
- □4　インターネットの掲示板に宇宙人のような人が書き込みをしている。
- □5　B先生はコンピュータ用語は辞書に必要だと思っている。

問題 次の文章を読んで、後の問いに答えなさい。(答えは別冊 p.7)

言葉は時代とともに進化する(注1)。ほかの言語と同様に今まで日本語もずっと変化し続けてきたが、現在は特に猛烈なスピードで(注2)変化しているようだ。

その原因の一つとして考えられるのは、いわゆるＩＴに関係すること、つまりパソコンや携帯電話などである。以前は専門家にしかわからなかったコンピューター用語も、今では一般の会話の中に当然のように出てくるようになった。また、携帯電話やパソコンのメール、掲示板などの書き込みから次々と新しい言葉が生まれている。(^_^) や (-_-;) のような顔文字も入り、そこでの会話はまるで宇宙人がしゃべっているように思えるくらいである。

これまでも多くの言葉が生まれては消えていき、残る言葉の数は限られているので、このような事態も特に驚くことではないという言語学者もいる。しかし、これほど新しい言葉や表現が増えると大半が消えていったとしても、かなりの数の新しい言葉が残るのではないだろうか*。50年後の日本語は今とはまったく別の言語になっているのかもしれない、というのは言い過ぎだろうか。

(注1) 進化する：to evolve　进化　진화하다

(注2) 猛烈なスピードで：at a breakneck speed　飞速地　아주 빠른 속도로

問1 どうして特に驚くことではないのか。

1 残っていく新しい言葉の数は今までと変わらないだろうから。

2 生み出された新しい言葉は思ったほど多くないから。

3 携帯電話やパソコンの影響で新しい言葉が増えているから。

4 いつの時代も若い人の会話は宇宙人の会話のようだから。

問2 筆者の最も言いたいことはどれか。

1 若い人は普通の言葉で会話したほうがいい。

2 これからは今までよりも多くの新しい言葉が残っていくだろう。

3 言葉が変化しているとは言えない。

4 古い日本語を大切にしなければならない。

* Even though a lot of new words disappear, a fair number of them will remain.
即使大半新词都消失了，也会有相当数量的新词留存下来吧。 대부분이 사라진다고 해도, 상당수의 새로운 말이 남지 않을까.

(左ページの答え→２・５)

2日目　化学に関する文章

Article on Chemistry
化学类文章
화학에 관련된 문장

✿キーワードを見つけよう

Try to find the key words!
找出关键词　키워드를 찾아봅시다

例えばこんなふうにチェックします。

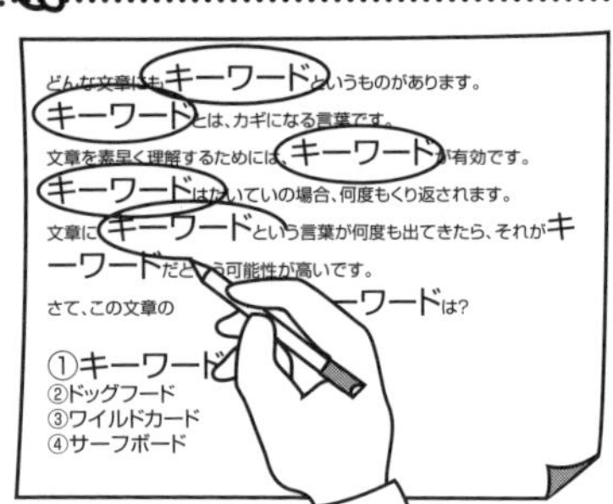

★何度も出てくる言葉はキーワードです。

◯をつけながら読みましょう。

Words appearing repeatedly are keywords. Mark them as you read.

反复出现的词汇就是关键词，最好是一边画圈儿一边阅读。

몇 번씩이나 나오는 단어는 키워드입니다. ◯를 표시하면서 읽어봅시다.

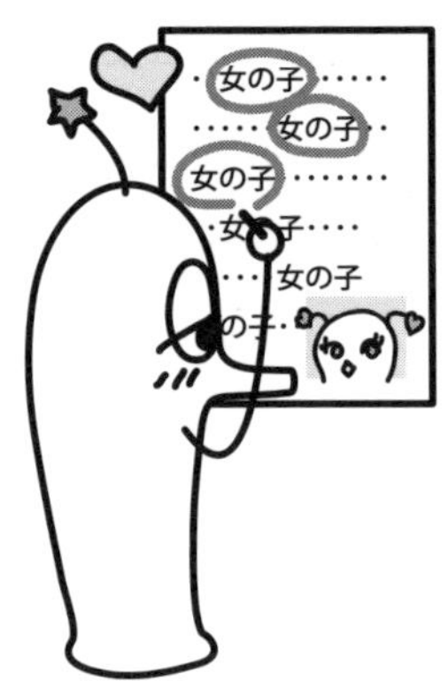

練習　次の会話文を読んで、後の文から正しいものを選ぼう。（答えは次のページ）

A：わあ、きれいなマンション。新築なんだね。

B：うん。でもさ、なんか、この部屋に引っ越してから調子が悪いんだ。

A：え？　どんなふうに？

B：よく頭痛がするし、目がチカチカする(注1)んだよね。

A：あ、もしかしたら、シックハウス症候群(注2)じゃない？　ほら、壁紙の接着剤(注3)なんかでアレルギー症状(注4)が出るっていうじゃない。

B：やっぱりそうかなぁ。病院へ行って調べてもらおうかな。

（注1）チカチカする：(eyes) burning　刺眼　눈이 따가와서 따끔따끔 하다

（注2）シックハウス症候群：sick-house syndrome　病态居室症候群　시크 하우스 증후군（새집 증후군）

（注3）接着剤：adhesive　粘合剂　접착제

（注4）アレルギー症状：an allergic reaction　过敏症状　알레르기 증상

□1　Bさんは最近、新築のマンションに引っ越した。

□2　Bさんの体調が悪い原因は、はっきりわかっている。

□3　Bさんは引っ越しする前から接着剤に対してアレルギー症状が出ていた。

□4　Aさんもシックハウス症候群である。

□5　Bさんは頭痛や目がチカチカする原因を病院で調べてもらいたい。

問題 次の文章を読んで、後の問いに答えなさい。(答えは別冊 p.7)

近年、「シックハウス症候群」という言葉が用いられるようになった。「シック」「ハウス」はともに英語の「sick（病気）」「house（家）」から来ているが、実際にはどういうものなのだろうか。

新築の家に引っ越しをすると、体調が悪くなる人がいる。これは家に使われている材料に対して人間の体がアレルギーのような反応(注1)を起こすためである。この症状が「シックハウス症候群」で、木材や壁紙に使用されている接着剤の原料に含まれるホルムアルデヒド(注2)が主な原因だと言われている。

ホルムアルデヒドにはたんぱく質(注3)を変化させるという特性がある。人間の体は水分を除くと半分近くがたんぱく質で形成されて(注4)おり、これが人体に害を与えるのは当然である。

しかし、「シックハウス症候群」が、このたんぱく質の変質によるものなのかと言われると、一概にそうとも言えない(注5)。なぜならホルムアルデヒドを含む接着剤を使った壁紙を貼った部屋であっても、空気中に含まれるホルムアルデヒドはほんのわずかで、たんぱく質を変質させる量には満たない(注6)からだ。

(注1) 反応：a reaction　反应　반응
(注2) ホルムアルデヒド：formaldehyde　甲醛　포름알데히드
(注3) たんぱく質：protein　蛋白质　단백질
(注4) 形成する：to form　形成　형성하다
(注5) 一概に～ない：cannot generalize　不能一概地～　일률적으로～라고 할 수는 없다
(注6) ～に満たない：insufficient　没有达到～　～로는 충분하지 않다

問1 これは何について書かれた文章か。

1 シックハウス症候群の症状について
2 シックハウス症候群の原因物質について
3 シックハウス症候群の治療方法について
4 シックハウス症候群になりやすい体質について

問2 なぜ一概にそうとも言えないのか。

1 ホルムアルデヒドがたんぱく質を変質させるとは限らないから。
2 空気中のホルムアルデヒドの量はたんぱく質を変質させるほどの量ではないから。
3 接着剤にホルムアルデヒドが含まれていない場合があるから。
4 人によってアレルギー症状は違うから。

(左ページの答え→1・5)

第六週

第6週　論説文を読もう

3日目　生物に関する文章

Article on Biology
生物类文章
생물에 관련된 문장

✿段落ごとに意味を理解しよう

Try to understand it paragraph by paragraph!
理解每一段落的含义　단락별로 의미를 이해해 봅시다

こんな段落構成になっていることが多いです。

第１段落：事実や説明（生物の特性など）
↓
第２段落：筆者が言いたいこと

★生物に関する文章は、左のように段落によってはっきりと内容が分かれていることが多いです。

Articles about biology tend to be clearly divided into paragraphs as can be seen in the example here.
生物类的文章如同左边所示，往往各段内容都划分得很清楚明了。
생물에 관련된 문장은, 왼쪽과 같이 단락별로 확실히 내용이 나뉘어 있는 경우가 많습니다.

ボクが言いたいことは…

あなたのことなんか聞いてない！

練習　次の会話文を読んで、後の文から正しいものを選ぼう。（答えは次のページ）

女の人：ハチ(注1)に刺されたことある？
男の人：うん、スズメバチ(注2)に刺されたことがあるけど、ものすごく痛かったよ。こんなにはれた(注3)し。
女の人：私も一度刺されたんだけど、次は気をつけろってお医者さんに言われたの。私、アレルギー体質(注4)だから、次に刺されたらアレルギー反応を起こすかもしれないんだって。死ぬ場合だってあるらしいよ。
男の人：へー、怖いんだね。刺されないように気をつけなきゃ。

（注１）ハチ：a bee　蜂　벌
（注２）スズメバチ：a hornet　马蜂　말벌
（注３）はれる：to swell　肿　붓다
（注４）アレルギー体質：allergic　过敏性体质　알레르기 체질

□1　２人はハチの種類について話している。
□2　２人ともハチに刺されたことがある。
□3　男の人はアレルギー体質である。
□4　女の人はハチに刺されたときにアレルギー反応を起こした。
□5　女の人はハチに刺されないように特に注意が必要だ。

問題 次の文章を読んで、後の問いに答えなさい。(答えは別冊 p.7)

ハチに刺されると、はれてとても痛い。中でも怖いのはスズメバチである。スズメバチの針(注1)はミツバチ(注2)などと違い、何度でも刺せる。毒性が強い(注3)ので1匹だけでもひどくはれたりして大変だが、ほとんどの場合、集団で襲って(注4)くるのでさらに恐ろしい。また、スズメバチに限らず、ハチに刺されて<u>怖いのはそれだけではない</u>。アレルギーによるショック症状(注5)だ。もし、アレルギー体質の人が刺されると、1回目は痛みだけですむが、2回目に刺されると、抗体(注6)によりアレルギー反応を起こし、吐き気やめまいが起こり、場合によっては呼吸困難で死んでしまうこともあるのだ*。

ハチに刺されないようにするためには、服装や帽子はできるだけ白っぽいものにしたほうがよい。ハチは黒いものを攻撃する習性(注7)があるからである。それから、スズメバチなどは巣に近づいた人に対してカチカチと音を出すので、そういう音が聞こえたら、そっと、すぐにそこから逃げるのが一番である。

(注1)(ハチの)針:a bee sting　刺　(벌의) 침
(注2)ミツバチ:a bee　蜜蜂　꿀벌
(注3)毒性が強い:very poisonous　毒性强　독성이 강하다
(注4)襲う:to attack　袭击　습격하다 혹은 덮치다
(注5)ショック症状:shock　休克症状　쇼크 증상
(注6)抗体:antibody　抗体　항체
(注7)習性:behavior patterns　习性　습성

問1 <u>怖いのはそれだけではない</u>とあるが、ほかに何が怖いのか。

1 スズメバチに刺されること
2 痛くてはれること
3 アレルギー体質になること
4 アレルギー反応を起こすこと

問2 ハチに攻撃されないようにするためには、どうすればいいか。

1 帽子をかぶらないようにする。
2 黒っぽい服を着ないようにする。
3 カチカチと音をたてて逃げる。
4 集団行動をしないようにする。

* in some cases, you could die from breathing difficulties
有时可能会因呼吸困难而死　경우에 따라서는 호흡 곤란으로 죽을 수도 있다

(左ページの答え→2・5)

第6週　論説文を読もう

4日目　物理に関する文章

Article on Physics
物理类文章
물리에 관한 문장

✿複雑な文章を整理して理解しよう①

Try to understand the complicated sentences by reorganizing them! ①　归纳并理解复杂的文章内容 ①
복잡한 문장을 정리해서 이해하도록 합시다 ①

例えば、右の文章はこんな構成になっています。

読者への問いかけ	みなさんは、こう思うことはありませんか？
問題提起	AとBは……のでしょうか？
結論①	実は○○の場合はBのほうが……です。
①の説明	……なので、……からです。一方、……
結論②	逆に××の場合はAのほうが……です。
②の説明	……のため、……というわけです。それに対して……

結論の部分と説明の部分を区別して読めば難しくありません。

その区別ができないボクはどうするの？

練習　次の会話文を読んで、後の文から正しいものを選ぼう。（答えは次のページ）

女：見て、すごい！ あんなのよく乗れるよね。特にいちばん前なんて考えられない。
男：いちばん前がいちばん怖いとは限らないんだよ。てっぺん(注1)を通過するときは前の席より後ろの席のほうが加速するから怖いんだ。前の車両に引っ張られるからね。
女：じゃ、いちばん下のほうを通るときは逆なの？
男：そうそう、後ろの車両に押されて加速が増すからね。
女：まあ、理屈ではそうかもしれないけど、やっぱりいちばん前の座席は怖いな。前に何にもないんだもん。わー、見て！ 一回転してる！ 落ちるー！
男：落ちないよ、遠心力(注2)があるんだから。

（注1）てっぺん：頂上、一番高いところ　　（注2）遠心力：centrifugal force　离心力　원심력

□1　二人はジェットコースターに乗っている。
□2　女の人はジェットコースターに乗りたがっている。
□3　男の人は冷静にジェットコースターを見ている。
□4　ジェットコースターのスピードはつねに変わらない。
□5　ジェットコースターは座席によって怖さの感じ方が違う。

問題 次の文章を読んで、後の問いに答えなさい。(答えは別冊 p.7)

遊園地でジェットコースターに乗るとき、「いちばん前は怖いからいやだ!」あるいは「いちばん前でスリルを味わいたい!」と思うことはありませんか。実際、前の席と後ろの席では怖さが違うのでしょうか。

実は頂上を通過するときは後ろの席のほうが怖いと考えられます。コースターの先頭車両が頂上を通り過ぎるときは、後部車両がまだ坂を上っているところなので、下降し始めた先頭車両の加速はゆるやかになるからです。一方、後部車両が頂上を通過するときは、下降により加速している先頭車両に引っ張られるため、先頭車両に比べて速いスピードで走り抜けることになります。

逆に谷の部分を通過するときは、前の席のほうが怖いと考えられます。本来は上り坂に差し掛かって(注)スピードが落ちるはずのところを、下り坂でスピードを上げている後部車両に押し上げられ、加速してしまうからです*。それに対して、後部車両が同じ地点を通るときには上り坂で先頭車両のスピードが落ちているために、先頭車両に比べて遅いスピードで通ることになるというわけです。

(注) 差し掛かる:to approach 临近 접어들다

問1 怖さが違うのでしょうかという問いに対して筆者はどう言っているか。

1 同じ
2 違う
3 どちらとも言えない
4 人によって違う

問2 この文章の内容と合うものはどれか。

1 怖がりな人は先頭車両に乗るべきではない。
2 スリルを楽しみたい人は先頭車両に乗るべきだ。
3 一番下の部分を通過するときは先頭車両の速度が増す。
4 頂上を通過するときは先頭車両の速度が増す。

* Fundamentally, it slows down as it approaches the uphill slope, but it actually gets pushed by the other cars whose speed has been accelerated on the preceding downhill.
本来在临近上坡时速度理应减慢，但却被下坡加速的后部车厢推动，反而使速度更快。
본래는 오르막에 접어들어야 스피드가 떨어지는데, 내리막 길에서 스피드를 올리고 있는 뒤쪽 차에 밀려서, 가속되어 버렸기 때문이다.

(左ページの答え→3・5)

第6週　論説文を読もう

5日目　医学に関する文章

Article on Medicine
医学类文章
의학에 관한 문장

✿複雑な文章を整理して理解しよう②

Try to understand the complicated sentences by reorganizing them! ②　归纳并理解复杂的文章内容②
복잡한 문장을 정리해서 이해하도록 합시다②

例えば、右の文章はこんな構成になっています。

何について話すか	「AED」という装置……ご存じですか？
それは何なのか	「AED」とは……です。
詳しい説明	2004年から……
意見の根拠	少しでも早く……「AED」を使って……行うことが重要
筆者の意見	「AED」が使えるようにしましょう！

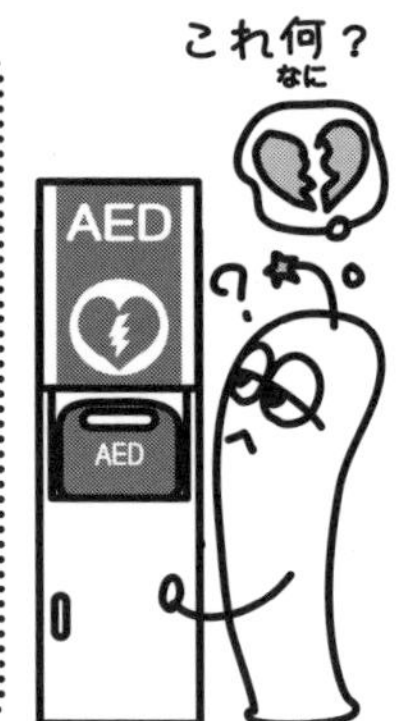

練習　次の会話文を読んで、後の文から正しいものを選ぼう。（答えは次のページ）

子ども：お母さん、あれ何？

母親　：ああ、AEDっていうのよ。急に病気になって倒れた人を助ける機械なの。

子ども：駅の人が使うの？

母親　：だれでも使っていいの。使い方は機械がしゃべって教えてくれるんだって。

子ども：へえー、なんでも治してくれるの？

母親　：ううん、心臓がおかしくなった人に使うみたいよ。ほら、よくテレビドラマの救急病院で心臓に電気ショックをしてるの見たことあるでしょ。あんなのらしいんだけど、お母さんもよくわからないから、使えないと思うなあ。

子ども：え！　じゃ、ぼくの心臓が急に止まったらどうするの？

母親　：そっか、そしたら、使うかも。でも、ちゃんと使えるのか心配。練習させてほしいよね。市役所に聞いたら、そういう講習会があるかもね。聞いてみよう。

□1　AEDは緊急時に助けを呼ぶ機械である。

□2　AEDは急病人に使われる医療機器である。

□3　AEDを使うには資格が必要だ。

□4　この母親はAEDの使い方を知っている。

□5　この母親はAEDに関心を持った。

問題 次の文章を読んで、後の問いに答えなさい。（答えは別冊 p.7）

近年、学校やスポーツクラブ、駅、デパートなどの公共施設で「AED」という装置を見かけるようになりました。みなさんはこのAEDとは何か、またどのように使ったらよいかをご存じでしょうか。

AED（自動体外式除細動器）とは、心室細動（けいれん(注)して血液を流すポンプの機能を失った状態）になった心臓に電気ショックを与え、正常なリズムに戻すための医療機器です。2004年から医療関係者以外でも使用できるようになり、人が多く集まる場所に設置されるようになりました。AEDは、音声で操作方法をガイドしてくれるので、専門的な知識のない人でも簡単に使用することができます。また、心臓の動き（心電図）を測定・分析し、電気ショックが必要な人にのみ電気ショックを流す仕組みになっているので、安心です。

AEDによる処置は時間との勝負です*。心室細動に対しては、一秒でも早く、電気ショックを行う必要があります。成功の可能性は、1分ごとに10%近く低下すると言われています。日本では、救急車が到着するまでに平均約7分かかります。つまり、成功率は（　　）程度に下がってしまうわけです。ですから、救急車が到着する前に、少しでも早く、患者の近くにいる人がAEDを使用して電気ショックを行うことが重要なのです。

最近では、一般市民がAEDを使用して救命した事例も増えてきました。AEDだけでなく人工呼吸などの救命法を学んでおくことで、救える命があります。これらの救命法の講習会は各地の消防署などで行われています。ぜひ積極的に参加してください。私たちの行動で、大切な命を救うことができるのです。

（注）けいれん：convulsions　抽搐　경련

問1　（　　）に入る最も適当なものはどれか。

1　10%　　2　30%　　3　50%　　4　70%

問2　この文章の内容と合うものはどれか。

1　AEDはまだまだ数が少ないのでもっと設置場所を増やす必要がある。
2　AEDよりも人工呼吸などの応急処置のほうが一般市民には簡単にできる。
3　AEDは設置されていても一般市民には難しくて使えないのが現状だ。
4　AEDなどの応急処置を学んでおけば一般市民でも人の命が救える。

* Time is so crucial in the AED treatment.　使用 AED 救治必须争分夺秒。　AED 에 의한 응급조치는 시간과의 싸움입니다.

（左ページの答え→2・5）

第六週

第6週　論説文を読もう

6日目　数学に関する文章

Articles on Mathematics
数学类文章
수학에 관한 문장

✿複雑な文章を整理して理解しよう③

Try to understand the complicated sentences by reorganizing them! ③　归纳并理解复杂的文章内容 ③
복잡한 문장을 정리해서 이해하도록 합시다 ③

例えば、右の文章はこんな構成になっています。

第１段落：	筆者が読者に呼びかけ、意見を言っている	
第２段落：	話	昔……
第３段落：	話	そこへ……
第４段落：	話	何年か後……
第５段落：	話	ところが……

このように2つの部分に分かれていることがわかります。

全体の構成がわかったら、問いを先に読むと効果的です。

練習　次の会話文を読んで、後の文から正しいものを選ぼう。（答えは次のページ）

子：お父さん、ラクダ(注)の計算の話、知ってる？

父：ああ、１頭借りて３人で分けて、借りた１頭もちゃんと返せたって話ね。

子：うん、その後の話がわからないんだ。

父：まねした人が貸した１頭を返してもらえなかったっていうんだろ？

子：そう。どうして、同じようにしたのにだめだったの？

父：分数にして、足し算してみたら答えが違うことに気が付くよ。
　　1/2 + 1/3 + 1/9 はどうやって足す？

子：えっと、分母を 18 にして、9 + 6 + 2だから、17/18 でしょ。それから、こっちは分母を 12 にして6 + 4 + 2で、12/12……あ、そうか。

（注）ラクダ：a camel　骆驼　낙타

□1　子どもはラクダの計算の話を聞いたことがない。

□2　ラクダの計算を使うと何かを分けるときに必ずうまくいく。

□3　ラクダの計算の話には、借りたラクダを返せた話と返せない話がある。

□4　父親はラクダの計算を子どもから教えてもらった。

□5　子どもは父親のヒントでラクダの計算を理解した。

問題 次の文章を読んで、後の問いに答えなさい。（答えは別冊 p.7）

みなさんは、分数が得意だろうか。分数と聞くだけで、嫌だと思う人もいるかもしれない。実はコンピューターでさえ、分数は苦手だとか。でも、①この話を読めば、きっと分数に興味を持つようになるだろう。

昔、アラビア(注1)のある村で年老いた商人が３人の息子に次のような言葉を残して亡くなった。「私が死んだらラクダをお前たちにやる。長男は 1/2、次男は 1/3、三男は 1/9 とする。」ところが、ラクダの数は 17 頭だったので、２でも、３でも９でも割り切れない(注2)。３人はけんかを始めてしまった。

そこへ旅の老人がラクダに乗ってやってきた。そしてけんかの理由を聞き、「それなら私のラクダを貸してあげよう。」と言った。父親の残したラクダに１頭足すと 18 頭になったので、長男は９頭、次男は６頭、三男は２頭で父親の言葉どおりに分けることができた。余った１頭は元通りに旅の老人が連れていった。

何年か後、同じように 11 頭のラクダを持っている老人が「長男には 1/2、次男には 1/3、三男には 1/6 のラクダを。」と言い残して死んでしまった。そこで、前述の(注3)話を思い出した近所の人が自分のラクダを連れてきて解決してみせようとした*。長男には 1/2 の６頭、次男には 1/3 の４頭、三男には 1/6 の２頭。

ところが、今度は３人のラクダを合計すると６＋４＋２＝ 12 頭となり、連れてきたラクダを持って帰ることができず、損をしてしまった。前の話では 1/2 ＋ 1/3 ＋ 1/9 ＝ 17/18 になるのに対し、1/2 ＋ 1/3 ＋ 1/6 ＝１となり、（　②　）に気づかなかったのだ。

（注１）アラビア：Arabia 阿拉伯 아라비아　（注２）割り切れる：can be divided by ... 整除 나누어 떨어지다

（注３）前述の：前に述べた

問１ ①この話とはどんな話か。最も適当なものを選びなさい。

1 分数の苦手な人の話
2 ラクダの分配の話
3 分数に興味を持った人の話
4 アラビアの老人の話

問２ （　②　）に入る最も適当なものはどれか。

1 数が少なくなること
2 数が多くなること
3 割り切れて余りがなくなること
4 また割り切れなくなること

* A neighbor who remembered the story he had heard earlier brought his own camel to settle the problem
一位邻居想起往事，便牵来自已的骆驼要帮他们解决难题
전술의 이야기를 생각해 낸 이웃 사람이 자기의 낙타를 끌고 와서 해결해 보이려고 했다

（左ページの答え→３・５）

第六週

第6週　論説文を読もう

7日目　実戦問題

Practice Exercise
实战问题
실전문제

制限時間：20分
問題1：1問10点×4問
問題2：1問15点×4問

点数　／100

（答えは別冊 p.7〜8）

問題1　次の（1）から（2）の文章を読んで、後の問いに対する答えとして最もよいものを1・2・3・4から一つ選びなさい。

（1）

もし、あなたが草原にいて目の前に猛獣(注1)が現れたとしたら、人間の自然な行動として全力で逃げ出すだろう。しかし、逃げ出すのはかえって危険になり、いちばん身近な木に登って待つのがよい場合もある。

私たち人間は、このようなときその場の状況をとっさに(注2)判断し、正しく行動するという知恵を働かせなければならない。このことは、毎日の生活についても言えることである。例えば、おふろにお湯を貯めるとき、人が入ってもあふれないように水の量を加減しなければならない。お客さんの来る時間に合わせて料理を用意しなければならない。つまり、やろうとしていることの目的を考慮に入れておくという基本的な知恵が必要なのだ。

（注1）猛獣：肉食の、性質が荒々しい動物
（注2）とっさに：ほんの少しの間に

1　このようなときとはどんなときか。

1　危険を感じたとき
2　草原にいるとき
3　木に登っているとき
4　日常生活を送るとき

2　この文章で筆者は何を言いたいのか。

1　危険を感じたときの行動の仕方を学ぶべきだ。
2　状況判断を間違えると危険である。
3　日常生活を送るうえで、知恵を働かせることが必要だ。
4　目的をもって日常生活を送るべきだ。

(2)

スピーチをする際に困るのは、自分がしゃべっているうちに会場が白(しら)けて(注1)しまうこと。こうなるとよけいに緊張(きんちょう)が高まって、スピーチがしどろもどろ(注2)になってしまう。こんなときにかねてから(注3)用意しておいた①「笑いのツボ」、つまり絶対にウケる話をすれば会場が一気(いっき)になごみ(注4)、話を聞いてもらえる環境を作ることができる。

といっても普通の人はスピーチや挨拶(あいさつ)をする機会はそんなに多くないので、「ウケるパターン」を体で覚えるところまではいかないという人もいるだろう。

しかし、しゃべりというのは何もパーティー会場だけでするものではなく、会社の朝礼(ちょうれい)(注5)や取引先(とりひきさき)(注6)との会話など普段からしているもの。日頃(ひごろ)の会話の中でも、自分のネタ(注7)がウケているかどうかを客観的(きゃっかんてき)に(注8)判断するように意識することが肝心(かんじん)である(注9)。

そして、少しでもウケたネタがあったら、それを何回か使ってブラッシュアップ(注10)し、絶対にウケるネタに仕上げていく。そうすれば、②スピーチに自信が持てるようになる。

(高嶋秀武『話のおもしろい人、つまらない人』PHP 研究所)

(注1) 白(しら)ける：気まずくなる
(注2) しどろもどろ：話し方がきちんとしていない様子
(注3) かねてから：前から
(注4) 一気(いっき)になごむ：急に雰囲気(ふんいき)がよくなる
(注5) 朝礼(ちょうれい)：朝、授業や仕事を始める前にする集まり
(注6) 取引先(とりひきさき)：会社が商売する相手
(注7) ネタ：(この場合) 話の材料
(注8) 客観的(きゃっかんてき)に：ほかの人から見てもそうだと思われるように
(注9) 肝心(かんじん)である：とても大切である
(注10) ブラッシュアップ：さらに良くすること (brush up)

3 ①「笑いのツボ」とあるが、ここではどういうことか。

1 みんなが笑えるような環境
2 おもしろい話を聞いている人の笑い声
3 みんなが白(しら)けた話
4 みんなの反応(はんのう)がよかった話

4 ②スピーチに自信が持てるようになるためには、どうすればいいか。

1 みんなの反応(はんのう)がよかった話をさらによくしていくように訓練する。
2 会社などで成功するように努力する。
3 緊張(きんちょう)しないように体の訓練をする。
4 スピーチをするとき、話が途中で止まらないように努力する。

第六週

問題2　次の文章を読んで、後の問いに対する答えとして最もよいものを1・2・3・4から一つ選びなさい。

A　障子は破ろうと思えばすぐ破れる。ちょっとものが触ったり、子供が指を突いただけで破れてしまう。こんな弱い商品はない。しかしだれもが、障子は欠陥商品だから、もっと強度を上げろとは主張してはいない。この障子というものは、①<u>もののあり方の非常によい面</u>を示している。ものがメーカーの努力によってよくなった。丈夫になって、ちょっとやそっとでは壊れない。このことが使う側に乱暴に扱っても平気という粗暴な気持ちを養ってしまった。ものによって人間が育てられるということの逆現象である。丈夫なもの、壊れないものを使って、知らぬ間に壊れていったのは人間自身のほうだ。だが障子は、弱いがゆえにこそ、取り扱う者に丁寧な扱いを要求する。それによって、扱う者が育つ。昔ながらに、障子のあけたて(注1)一つにしても作法があるのは、そういう意味を持っているのである。

B　それだけではない。障子は、直すことを考えるという立場からみたとき、②<u>実にすばらしいものだ</u>。今日の進んだ技術の道具、例えばマイクロ・コンピューターでも自動車でも、直すときは、その故障した部分を修理するのではない。悪い部分を含めたユニット全体を取り替えてしまう。部分修理のめんどう、手間を節約したほうがより合理的だという姿勢である。仮にICが二十個ついたプリント基板があって、そのうち一個が壊れていたとすると、そっくり取り替えてしまうから、壊れていない残りの十九個も廃棄してしまう。そういう修理方法が最近ではきわめて多くなってきた。これは障子の修理の仕方と正反対である。

C　障子では、一箇所破れたといっても全部取り替えるようなことはしない。そればかりか、破れた桝の一五センチ角ぐらいの紙全体を切り取ってそこに新しい紙をはるというようなことさえ、初めはしない。まずは、破れた所を元に戻し、破れ目に、色紙を紅葉の葉にかたどってはるというようなことをする。すると、その障子は、修理する以前よりも美しくなる。たいていのものは壊れる前を100とすれば壊れて30、直して80がいいところだが、障子は破れる前が100で、直せば130にもなる。壊れて修理したほうがより美しくなる。パリから有名なデザイナーが来て、日本の建築をあちこち見て歩いたとき、破れた障子に、紅葉や桜がはってあるのに、いたく(注2)感じ入って、そればかりカメラに収めて帰ったという。

D　ものを直すということは人間にとって非常にだいじなことであり、道具というものにほんとうの愛情を感じる源でもある。修理は機械と人間とが一体となることなのだ。

（森政弘「障子の破れに学ぶもの」『中学新しい国語3〈平成9年度〉』東京書籍）

(注1) あけたて：開け閉め
(注2) いたく：たいへん、とても

5 ①ものの<u>あり方の非常によい面</u>とは、ここではどのようなことか。

1 丈夫でこわれないこと
2 使う側が乱暴に扱っても平気であること
3 取り扱う者に丁寧な扱いが必要なこと
4 強度を上げる必要のないこと

6 ②<u>実にすばらしいものだ</u>とあるが、筆者によると、それはなぜか。

1 障子は進んだ技術により、部分修理できるようになったから。
2 障子は一箇所破れたぐらいでは修理する必要がないから。
3 障子の修理は、手間がかからず合理的であるから。
4 障子は、壊れて修理したあとのほうが美しくなるから。

7 左の文章のどこかに次の文章が入るが、それはどこか。

「今日、機械はどんどん進歩して、壊れたからといって素人が手を出すことはできない。専門家にしか直せないものほど、進歩的で価値あるものと思いがちだ。もちろんその考えもあながち間違いではない。だが、素人にすぐ直せるようなものを軽く見るようになると間違ってくる。」

1 ＡとＢの間　2 ＢとＣの間　3 ＣとＤの間　4 Ｄの後ろ

8 筆者はこの文章で何を言いたいのか。

1 素人の修理も、専門家が直すことと同様、重要なことである。
2 ものを修理することによって、ものを大切にする気持ちが育つものだ。
3 ものを修理することは、実は進歩的で合理的なことだ。
4 ものを修理するときは、修理後のほうがよりよくなるようにすべきである。

第六週

イラスト	花色木綿
翻訳・翻訳校正	Rory Rosszell ／石川慶子（英語） 株式会社シー・コミュニケーションズ（中国語） 李銀淑（韓国語）
編集協力・ＤＴＰ	りんがる舎
装丁	岡崎裕樹
印刷・製本	日経印刷株式会社

「日本語能力試験」対策
日本語総まとめ N2 読解

2010 年 10 月 14 日　初版　第 1 刷発行
2016 年 12 月 21 日　初版　第 9 刷発行

本体価格　1,200 円
著　者　佐々木仁子・松本紀子
発　行　株式会社アスク出版
〒 162-8558　東京都新宿区下宮比町 2-6
TEL　03-3267-6864
発行人　天谷修平

Printed in Japan
ISBN978-4-87217-764-0

解答・解説

Answers and Explanations
解答・解说
해답・해설

こちら側に引っ張って切り離してください。

第1週

1日目（p.12～p.13）

問題

問1：1　　問2：3

2日目（p.14～p.15）

問題

問1：4

問2：1

＊「割引商品も店頭表示価格（= 10,000 円）から」「1 万円以上ご購入の際は 30% OFF」とあるので 10,000 円 × 70% = 7,000 円

- 3行目　「会員様だけにお届けする」（=お知らせする）
- 最終行　「本状」（=このはがき）

3日目（p.16～p.17）

練習

- 5行目　「向いて（い）ない」（=合わない）

問題

問1：3　　問2：4

4日目（p.18～p.19）

練習

- 7行目　「けっこうある」（=けっこう距離がある）
  ＊会話的な省略

問題

問1：1　　問2：2

5日目（p.20～p.21）

練習

- 2行目　「無料のとこ」（=無料のところ）
  ＊会話のことば
- 7行目　「学割が利く」（=学割が使える）

問題

問1：3

問2：3

＊ 学割 2,000 円 ×３ヵ月分。お申し込みの際は料金（契約する月数分）が必要と書いてある。

6日目（p.22～p.23）

問題

問1：2　　問2：1

7日目（p.24～p.26）

問題1

[1] 2　　[2] 4

- Ｉ、Ｃ ターミナルホテル森山　備考

「駅直結で交通至便。」

Directly connected to the station with excellent access to transportation.

直通车站交通方便。

역에 직결되어 있어 교통이 무척 편리함 .

「全室無線ＬＡＮ完備。」

Wi-Fi environment in all rooms.

所有房间均配置无线局域网。　전실 무선ＬＡＮ 완비 .

問題2

[3] 2

[4] 2

＊ シャツもズボンもコートも服の種類には関係なく数えればいい。

Shirts, pants, coats, etc., each count as one item.

无论是衬衣、裤子、大衣，所有衣服不分种类，只算件数。

셔츠도 바지도 코트도 옷의 종류와는 관계없이 숫자를 세면 된다 .

第2週

1日目 (p.28～p.29)

問題

問1：4　問2：2

2日目 (p.30～p.31)

練習

◆ 2～3行目
「トイレに行きたくなったら、バケツにお風呂のお湯をくんで使ってね。」
＊水洗トイレで流す水に使う。

問題

問1：3　問2：1

◆ B、本文3～4行目
「断水となる恐れがあります」
（＝まだ断水になっていないが、その心配がある）

3日目 (p.32～p.33)

問題

問1：2

問2：3

＊ 2：参加費に交通費・食事代が含まれていると書いてある。

＊ 4：「小雨決行」（＝少しの雨なら中止しない）と書いてある。

4日目 (p.34～p.35)

問題

問1：2

問2：4

＊「メーカーの都合」とある。

＊ メールは手紙より形式が簡単になっている。

E-mail messages have a more simplified form than letters.
电子邮件的形式比书信简单。
전자 메일은 편지보다 형식이 간단하게 되어 있다.

5日目 (p.36～p.37)

問題

問1：2　問2：2

＊ A「～させていただくことになりました」は「～することにしました」の謙譲語。とても丁寧な言い方。

「～させていただくことになりました」is an honorific form of「～することにしました」. A very polite expression.
「～させていただくことになりました」是「～することにしました」的自谦语，是很有礼貌的说法。
「～させていただくことになりました」는「～することにしました」의 겸양어. 아주 정중한 표현.

◆ B、3.「交通費を精算します」
（＝交通費を支払います）

6日目 (p.38～p.39)

問題

問1：1　問2：2

＊ 送信状はFAXを送るときに送信先や発信者、内容、枚数などを書く。

The fax form is used to send a fax message and has columns for "Receiver", "Sender", "Subject", "page numbers" etc..
发传真时，应在发送传真信函上写明收件人及发件人姓名、内容、页数等信息。
송신장은 팩스를 보낼 때 송신처, 발신자, 내용, 매수 등을 씁니다.

7日目 (p.40～p.42)

問題1

1 2　2 3

問題2

3 3

4 2

＊「今月末日」までとある。「今月」は10月。右上に書いてある。

◆ 本文1行目「早速ですが」
＊すぐに用件に入る。

◆ 本文4行目「会員規約9条に基づき」
in accordance with Article 9 of the membership regulations.
根据会员守则第9条　회원 규약 9조에 근거하여

第3週

1日目（p.44～p.45）

問題

問1：4　　問2：1

2日目（p.46～p.47）

問題

問1：2　　問2：1

＊ 最初の段落に言いたいことが書いてある。

3日目（p.48～p.49）

練習

◆ 最終行「そんな理由ってないんじゃないの？」（＝そんな理由は理由としておかしい）

問題

問1：1　　問2：3

＊ 1行目の「盗人」は「ぬすっと」とも読む。

4日目（p.50～p.51）

問題

問1：3

＊ 第2段落の2行目に注意。

問2：4

＊ 筆者の意見であり、世間の常識ではない。

This is the opinion of the writer and is not necessarily common sense.

仅为笔者个人意见，并非世间常识。

글쓴이의 의견일 뿐, 일반적인 상식은 아니다.

5日目（p.52～p.53）

問題

問1：3　　問2：3

6日目（p.54～p.55）

練習

◆ 2行目「だって」（＝なぜなら）

＊理由を言うときの、くだけた言い方。

A colloquial expression used when you provide a reason.

说明理由时的一种较口语化的说法。

이유를 말할 때 쓰이는 표현. 주로 허물없이 말할 때 사용.

問題

問1：1

＊ 400キロといっても、地球の規模から見ると大した距離ではない。

400 kilometers is not a great distance on the scale of the globe.

虽说是400公里，但从地球的规模来看算不上是长距离。

400 킬로라고 하더라도, 지구 규모에서 보면 그다지 대단한 거리는 아니다.

問2：1

7日目（p.56～p.58）

問題1

1 **2**　　2 **3**

◆ 回答者：A、5～6行目

「学校が強制的に『いただきます』と言わなければ絶対にいけないと言わない限り、抗議するほうが間違っていると思います。」

Unless the school forces your child to say a "いただきます" (Japanese meal time prayer), I don't think you should complain.

我认为只要是学校没有强制性地要求必须要说"いただきます"，那么你对此提抗议就没有道理。

학교측이 강제적으로,「잘 먹겠습니다」라고 말하지 않으면 안된다고 말하지 않는 한, 항의하는 것은 잘못이라고 생각합니다.

問題2

3 **1**　　4 **4**

◆ 6～7行目

「親指ぐらいのものが成熟したか、せんか（＝しないか）で、成績がいい、悪いなんて答えを出すのは僭越だ」

It is presumptuous to judge someone's intelligence based on grades that reflect the maturity of only a very small, thumb-sized part of the brain.

仅凭不过拇指大小的地方成熟与否就判断成绩的好坏，简直是僭规越矩。

뇌 속의 엄지손가락 만한 크기의 것이 성숙했는지 아닌지에 따라 성적이 좋다 나쁘다 등의 결론을 내는 것은 지나친 것이다.

第4週

1日目 (p.60～p.61)

問題

問1：3

問2：1

＊「あのころが、ほんとうに読書を楽しんでいた」の「あのころ」はいつのこと？

2日目 (p.62～p.63)

問題

問1：4

＊「もし、されていたら」と書いてある。

問2：3

問3：1

＊ 最後の段落が言いたいこと。

3日目 (p.64～p.65)

問題

問1：2　**問2：2**

4日目 (p.66～p.67)

問題

問1：2　**問2：4**

5日目 (p.68～p.69)

問題

問1：4　**問2：3**

6日目 (p.70～p.71)

問題

問1：3　**問2：2**

7日目 (p.72～p.75)

問題1

1 2　**2 4**　**3 2**　**4 1**

◆ 3～4行目

「気になるような女が隣に座ったら、仕事に身が入らないはずだ。」

If an attractive girl sat next to me, I would naturally not be able to concentrate on my work.

旁边坐着一个令人心动的女人，当然无法专心工作了。

마음에 드는 여자가 옆에 앉으면, 일에 집중이 될리가 없다.

◆16行目「あるまい」（＝あるはずがない）

◆18行目「仕事どころではなかった。」

I, no way, was able to work.

根本没有心思去工作。　일을 할 상황이 아니였다.

＊ 筆者は、周りがうるさいことがいちばん困ると思っている。

The writer finds it most annoying when people around him are noisy.

笔者觉得周围吵闹最受不了。

글쓴이는, 주위가 시끄러운 것이 가장 곤란하다고 생각하고 있다.

問題2

5 4

6 1

＊ 2：正反対だとは言っていない。

＊ 3：B が店側とは言いきれない。

第5週

1日目 (p.78～p.79)

問題

問1：4

問2：4

2日目 (p.80～p.81)

問題

問1：4

問2：2

3日目 (p.82～p.83)

問題

問1：1

問2：2

＊ 3：踏切事故ではない。

4日目 (p.84～p.85)

問題

問い：2

◆ 本文6行目「少数ながら」(＝少数だが)

5日目 (p.86～p.87)

問題

問い：1

＊ 選択肢をひとつひとつゆっくり読もう。

Read the choices carefully, one by one.

请仔细地阅读每一个选项。

선택지를 하나하나 천천히 읽어 봅시다.

＊ 2は「約半数」でなく約7割（69.2%）。

＊ 3は「約7割」でなく約半数（53%）。

＊ 4は「はるかに上回っている」でなくわずかに上回っている（53%：47%）。

6日目 (p.88～p.89)

問題

問1：3

問2：2

7日目 (p.90～p.93)

問題1

1 **1**　2 **3**

＊ 1行目「カメラマン」は和製英語である。

「カメラマン（a photographer）」is a Japanese English word.

「カメラマン（摄影师）」是日式英语。

「カメラマン（카메라맨）」은 일본식 영어이다.

◆ 6行目「復興が進み、新しい町並みが広がる古川。」

With ongoing reconstruction efforts, Furukawa has been reborn with new streets and new buildings.

古川灾后重建、走向复兴，不断形成新型街区。

부흥 사업이 진행되어, 새로운 거리가 펼쳐지고 있는 후루카와시（古川市）.

問題2

3 **4**　4 **1**

問題3

5 **2**

＊ 1：Bだけ。「そのきっかけは2004年のこと」の後に書いてある。

＊ 3：Bだけ。「外来種が増えたため～からである」とある。

＊ 4：Aだけ。「年間約1万匹」とある。

6 **4**

A、本文2～3行目

「外来魚が川に捨てられるのを防ぐポスト本来の目的は実現しつつある」

the fish drop-off box has succeeded in preventing foreign (introduced) fish from being dumped in the river

养鱼箱的根本目的是为了防止人们擅自往河川丢弃外来鱼种，其目的正逐步实现

외래종 물고기가 강에 버려지는 것을 막기 위한, 포스트의 본래 목적은 실현되고 있다

第6週

1日目 (p.96～p.97)

問題

問1：1　　問2：2

2日目 (p.98～p.99)

問題

問1：2　　問2：2

＊ この文章のキーワードは「ホルムアルデヒド」である。

A keyword in this article is「ホルムアルデヒド (formaldehyde)」.
这篇文章中的关键词是「ホルムアルデヒド (甲醛)」。
이 문장의 키워드는 「ホルムアルデヒド (포름알데히드)」이다.

3日目 (p.100～p.101)

問題

問1：4　　問2：2

4日目 (p.102～p.103)

練習

◆ 6行目 「理屈では」
　＊この場合、「理論では」と同じ意味。

問題

問1：2

＊ 疑問の形で読者に呼びかけて、興味を引き出す、よく使われる手法。

Questions are commonly used to increase readers' interest.
用疑问的形式向读者提问，唤起读者的兴趣，这是经常使用的方法。
의문 형태로 독자에게 말을 걸어, 흥미를 일으키는 것. 자주 쓰이는 방법.

問2：3

5日目 (p.104～p.105)

問題

問1：2　　問2：4

6日目 (p.106～p.107)

問題

問1：2　　問2：3

7日目 (p.108～p.111)

問題1

(1) [1] **1**　　[2] **3**

◆ 最後の文
「やろうとしていることの目的を考慮に入れておくという基本的な知恵が必要なのだ。」

It is important to have the wisdom to set your own goals.
事先考虑好所做的事情要达到什么目的，我们应具备这种起码的智慧。
하고자 하는 것의 목적을 고려하는 기본적이 지혜가 필요한 것이다.

＊ 前半はたとえである。後半にもたとえがある。「知恵」が重要なカギとなる言葉である。

The first half contains an example. There is another example in the latter half. "*chie*" (wisdom) is a key word.
前半是比喻，后半也有比喻。"知惠（智慧）"是关键词语。
전반에 예가 있고, 후반에도 또 다른 예가 있다.「지혜」가 중요한 열쇠가 되는 단어이다.

(2) [3] **4**　　[4] **1**

◆ 7～8行目
「しゃべりというのは何もパーティー会場だけでするものではなく、会社の朝礼や取引先との会話など普段からしているもの。」

Speeches are not limited to parties but are also given at daily meetings in the office or meetings with business partners.
讲话的机会并不只限于宴会上，平时在公司的早会或是与客户交流时都在讲话。
しゃべり란 별달리 파티장에서 뿐만 아니라, 회사의 조례나 거래처와의 대화 등 보통 때 나누는 잡담과 같은 것.

◆ 8～9行目
「日頃の会話の中でも、自分のネタがウケているかどうかを客観的に判断するように意識することが肝心である。」

It is very important to objectively observe whether your comments in daily conversation are well received or not.
重要的是即使在日常谈话中，也要留意并客观判断自己的话题是否吸引别人。
평소의 대화에서도, 자신의 이야깃거리가 평판이 좋은지 어떤지를 객관적으로 판단하도록 의식하는 것이 중요하다.

問題2

5 3

＊「障子」が主語になっているほかの文章を探す。(7～8行目)

6 4

＊ Cの部分に理由が書いてある。

7 3

＊ Dは結論を言っている。問題の文章は結論を導くための文章である。

D indicates the conclusion. The sentence in question is the one which leads to the conclusion.

D的部分说的是结论。题中的全篇文章都是为了引导至这个结论。

D는 결론을 말하고 있다. 문제의 문장은 결론을 내리기 위한 문장이다.

8 2

＊「ものを直す」→「ものに愛着を感じる」→「ものを大切にする」

◆ 7～8行目

「障子は、弱いがゆえにこそ、取り扱う者に丁寧な扱いを要求する。」

"*Shoji*" require very tender care because they are so fragile.

正是因为糊纸拉门（拉窗）容易损坏，所以更要求使用者小心谨慎。

장지문은 파손되기 쉬우니까, 취급하는 사람에게 주의깊게 다루는 것을 요구한다.

◆ 13行目

「部分修理のめんどう、手間を節約したほうがより合理的だという姿勢である。」

It is less practical to repair damaged items than to throw them out because it requires more time and effort.

这是一种认为省去繁琐费事的局部修理才更为合理的态度。

부분 수리의 번거로움, 수속 절차를 절약하는 것이 훨씬 합리적이라는 자세(태도)이다.

◆ 20～22行目

「たいていのものは壊れる前を100とすれば壊れて30、直して80がいいところだが、障子は破れる前が100で、直せば130にもなる。」

If we consider things to be 100 before they break, they become 30 after they break, and can be fixed to 80. "*Shoji*" however can be fixed to 130.

一般的东西若是在完好状态时假设为100分的话，在损坏后便贬到30分，即使修理好了也充其量回升到80分，然而糊纸拉门（拉窗）若是在弄破之前是100分的话，那么在修补好后却能升为130分。

대개는 망가지기 전의 상태를 100이라고 하면, 망가져서 30, 고쳐서 80이라고 할 정도이나, 장지문은 찢어지기 전이 100으로, 고치면 130이 되기도 한다.